高中音乐教育教学理论与"昆曲·合唱"艺术研究

邓解芳 著

北方文艺出版社
哈尔滨

图书在版编目（CIP）数据

高中音乐教育教学理论与"昆曲·合唱"艺术研究 / 邓解芳著. -- 哈尔滨：北方文艺出版社，2022.3
ISBN 978-7-5317-5551-7

Ⅰ.①高… Ⅱ.①邓… Ⅲ.①昆曲 – 教学研究 – 高中 Ⅳ.① G633.951.2

中国版本图书馆 CIP 数据核字 (2022) 第 075107 号

高中音乐教育教学理论与"昆曲·合唱"艺术研究
GAOZHONG YINYUE JIAOYU JIAOXUE LILUN YU "KUNQU·HECHANG" YISHU YANJIU

作　者 / 邓解芳	
责任编辑 / 张　璐	封面设计 / 吉　祥
出版发行 / 北方文艺出版社	邮　编 / 150008
发行电话 / (0451) 86825533	经　销 / 新华书店
地　址 / 哈尔滨市南岗区宣庆小区 1 号楼	网　址 / www.bfwy.com
印　刷 / 三河市元兴印务有限公司	开　本 / 710mm×1000mm　1/16
字　数 / 192 千	印　张 / 13
版　次 / 2022 年 3 月第 1 版	印　次 / 2023 年 1 月第 2 次印刷
书　号 / ISBN 978-7-5317-5551-7	定　价 / 49.00 元

前　言

音乐教学以培养和塑造人为目的，并贯穿教育的全过程，是一种人文社会科学。高中音乐教学有利于促进学生的全面发展，提升学生的综合素质，激发学生的音乐审美价值，并指向教育的最终本质——立德树人。随着教育改革的发展，高中音乐教学理论与实践也随之发展，在此背景下对音乐教学理论与实践进行探讨，有助于人们全面了解高中音乐教学的过程。在音乐发展的历史长河中，昆曲是戏曲中极具文化品位的一个剧种，数百年来，其既受到人们的喜爱，又对大多数新生的地方性剧种起到滋养培育的作用，因此昆曲成为"百戏之母""百戏之师"，在中国的文化史、戏曲史、文学史、音乐史、美术史、剧场史、演出史等领域中享有崇高的地位，同时昆曲也是中国非物质文化遗产宝库中最重要的一员，对其进行研究整理，使其发扬光大，具有非常重要的文化传承价值。

鉴于此，笔者撰写了《高中音乐教育教学理论与"昆曲·合唱"艺术研究》一书，在内容编排上共设置六章，第一章作为本书论述的基础和前提，主要分析高中音乐教育教学的目的、高中昆曲教学开展的可行性、高中音乐合唱教学的优化、高中音乐合唱团的建设发展；第二章至第四章从高中音乐课程教学的资源、高中音乐教育教学方法实施、高中音乐教育教学体系构建三个方面探讨高中音乐教育教学；第五章分析了昆曲教学探索与演唱进阶；第六章研究了昆曲合唱艺术的形态与发展。

本书内容严谨、结构完整，以高中音乐教育教学为切入点，先分析高中音乐教育教学体系及其设计，分别从创新理念、素质教育、生态视域等方面重点探讨音乐教育教学的实践，让读者对于高中音乐教学的相关内容有全面的了解；接着从实践的角度研究昆曲演唱与合唱艺术，有助于读者全方位地对我国艺术瑰宝——昆曲进行认知，力图将理论与实践相结合，对高中音乐教育教学的发展具有重要意义。

　　笔者在撰写本书的过程中得到了许多专家学者的帮助和指导，在此表示诚挚的谢意。由于笔者水平有限，加之时间仓促，书中所涉及的内容难免有疏漏之处，希望各位读者可以提出宝贵的意见，以便笔者进一步修改，使之更加完善。

目 录

第一章 绪 论 ·· 01

    第一节 高中音乐教育教学的目的 ·· 01

    第二节 高中昆曲教学开展的可行性 ·· 03

    第三节 高中音乐合唱教学的优化 ·· 04

    第四节 高中音乐合唱团的建设发展 ·· 07

第二章 高中音乐课程教学的资源 ·· 11

    第一节 高中音乐课程的校园与家庭资源 ··· 11

    第二节 高中音乐课程的学科综合资源 ··· 12

    第三节 高中音乐课程的教育技术资源 ··· 13

第三章 高中音乐教育教学方法实施 ··· 17

    第一节 高中音乐教育教学方法选择 ·· 17

    第二节 高中音乐教育教学方法创新 ·· 25

    第三节 高中音乐教育教学方法运用 ·· 46

    第四节 高中音乐教育教学方法训练 ·· 57

第四章 高中音乐教育教学体系构建 ············ 59

第一节 高中音乐教学体系与设计评价 ············ 59
第二节 创新理念下的高中音乐教学 ············ 94
第三节 素质教育下的高中音乐教学 ············ 105
第四节 生态课堂下的高中音乐教学 ············ 133

第五章 昆曲教学探索与演唱进阶 ············ 135

第一节 昆曲教学初探索 ············ 135
第二节 昆曲演唱中的咬字与用气 ············ 140
第三节 昆曲演唱中的共鸣与音律 ············ 149
第四节 昆腔合唱及其无伴奏演唱实践 ············ 170

第六章 昆曲合唱艺术的形态与发展 ············ 173

第一节 合唱艺术的形态与指挥 ············ 173
第二节 合唱艺术的色调与外在表现 ············ 178
第三节 合唱艺术的发展与方向研究 ············ 187
第四节 昆曲文化的价值弘扬与发展 ············ 194

结　语 ············ 197

参考文献 ············ 199

第一章 绪 论

第一节 高中音乐教育教学的目的

一、培养学科核心素养

学科核心素养是学科育人价值的集中体现,是学生通过学科学习而逐步形成的正确价值观、必备品格和关键能力。音乐学科核心素养主要包括以下三个方面。

(一)审美感知

审美感知是指对音乐艺术听觉特性、表现形式、表现要素、表现手段及独特美感的体验、感悟、理解和把握。音乐是以声音为表现媒介的艺术,音乐审美活动在听觉体验和艺术表现中进行。将审美感知作为高中生的音乐学科核心素养之一,旨在使学生在义务教育阶段获得基础知识的基础上,力求对音乐艺术的听觉特性、表现形式、表现要素、表现手段及独特美感具有更加深入的体验、感悟、理解和把握,通过课堂教学和课外艺术表演实践,使学生掌握音乐基础知识和基本技能,培养学生在联觉机制作用下对音乐的综合体验、感知和评鉴能力,提升艺术素养和人文修养,吸纳和传承优秀文化,陶冶情操、涵养美感,和谐身心、健全人格,引导学生追求崇高的人文精神,增强对真善美的讴歌与塑造能力。

(二)艺术表现

艺术表现是指通过歌唱、演奏、综合艺术表演和音乐编创等活动,表达音乐艺术美感和情感内涵的实践能力。丰富多样的音乐艺术形式具有鲜明的表演性。将艺术表现作为高中生的音乐学科核心素养之一，旨在激发学生参与音乐表演和创作实践的兴趣，提高艺术表现水平。学生在其中接受熏陶、把握规律、感受乐趣，并在特定的艺术表现情境中丰富情感、充实心灵、激发想象力、发挥创造力、培养自信心、获得成就感。高中阶段的艺术表现应以培养多数学生能够达到的能力为原则，重在通过艺术表演实践和创造活动，提升学生的审美感知和文化理解能力，同时促进学生在集体活动中的人际交往，增进人与人之间的沟通和交流，强化社会责任感。

（三）文化理解

文化理解是指通过音乐感知和艺术表现等途径理解不同文化语境中音乐艺术的人文内涵。音乐艺术与社会生活密切相关，不同的地域、民族、时代有着不同的音乐文化创造，并直接表现为音乐作品题材、体裁、形式和风格等多方面的差异。优秀的音乐作品是对特定社会、文化和历史的理解，反映了一个国家、一个民族文化创造的特色、能力和水平。将文化理解作为高中生的音乐学科核心素养之一，旨在通过音乐课程教学，让学生认识到中国民族音乐文化的博大精深及丰富的精神文化内涵，坚定文化自信，让学生了解其他国家的音乐文化，以平等的文化价值观理解世界音乐的多样性。

二、明确课程目标

学生通过学习音乐课程，参与各类艺术实践活动，培养和发展音乐鉴赏、表现与编创能力，保持并增加对音乐的持久兴趣。通过对音乐艺术魅力的体验和感悟，陶冶情操，涵养美感，和谐身心，健全人格，活跃形象思维，启迪智慧，激发创意表达，理解文化内涵，拓宽国际视野，着力培育和发展审美感知、艺术表现和文化理解三方面的音乐学科核心素养。具体目标依据音乐学科核心素养培育方向，体现在以下几个方面。

第一，学生在音乐情境中能从整体上认知音乐艺术的音响特征和文化背景，能从不同体裁和形式的作品所具有的音乐表现特征出发提升审美感知能力。例如，从作品题材中认知音乐表现的对象和情感；从音响本体和音乐表现要素（旋律、节奏、速度、力度、色、调式等）中体验音乐美感，领悟作品表现意图；在听赏和表现音乐的过程中感知作品表达的情绪、情感、意境、意志，并产生共鸣；体验、辨识并描述音乐的时代风格和民族风格，评价作品的社会功能。

第二，学生在音乐学习过程或社会文化生活中乐于参与个体或群体的音乐表现实践；能享受音乐实践活动的乐趣，并能伴随感性经验的积累深化对音乐的理解；能在各类音乐实践和综合表演活动中不断提升音乐艺术表现技能，增强艺术表达的自信；能根据自己的情感表达需求编创小型音乐作品；能在合唱、合奏等集体性表演活动中展现协作能力，培养团队精神。

第三，学生能从感知和表现的具体作品中，理解音乐是人类文化的重要构成，从文化角度去关注音乐作品和音乐现象，认知作品产生的历史文化背景和风格特征；熟悉和热爱中华民族的音乐创造成果，探究其独特风格和文化内涵，增强民族自豪感，坚定文化自信，培养爱国主义情操；能以开阔的视野体验、学习、理解世界其他国家和民族的优秀音乐文化，树立平等的文化价值观，拥有尊重文化多样性的人文情怀。

第二节　高中昆曲教学开展的可行性

下面以江苏省昆山中学开展的高中昆曲教学为例进行探讨。

第一，开展高中昆曲教学的外部政策条件较好。昆山市委、市政府和社会各界不遗余力地对昆曲进行保护、传承和复兴；昆山中学启动了以《幽兰飘香》为载体的"昆曲进校园"活动，这为昆山中学的昆曲教学实践和研究提供了良好的社会基础；昆山是昆曲的发源地，拥有大量的昆曲专家和丰厚的昆曲资料；昆山的不少小学培养了一大批昆曲新苗，各个中学都有一些具备良好昆曲基础的学生。这些有利条件为普通高中昆曲教学研究提供了良好的环境。

第二，开展昆曲教学的内部环境较好。一是学校领导重视昆曲教学。江苏省昆山中学在人力、物力、财力等方面保证了昆曲教学研究的需要。此外，江苏省昆山中学还积极向省教育厅申报昆曲教学基地，学校图书馆和教科处订阅了近百种教育教学类期刊和大量的教育教学方面的专著供研究者学习和借鉴，定期向研究人员提供相关的研究资料，组织研究人员外出学习、交流。① 二是对昆曲教学研究的经验丰富。自2006年江苏省高中音乐新课标将"音乐与戏剧表演"模块纳入高中音乐教材，昆山中学就开始了昆曲课堂教学的探索和实践，积累了比较丰富的第一手资料和经验，这为高中昆曲教学的顺利开展创造了极为有利的条件。三是江苏省昆山中学师资力量雄厚。音乐教师多次指导学生在各级各类音乐评比中获得好成绩，其中一名音乐老师在数年前就已开始向高中生推介昆曲，其中"走近昆曲"一课，不仅在省评优课比赛中获得一等奖，还应邀在第29届世界音乐教育大会上进行展示并赢得高度赞誉。同时，江苏省昆山中学美术、历史、语文等相近学科也提供了比较强有力的支撑。

第三节 高中音乐合唱教学的优化

高中新课改的实施使音乐教育在教学目标和方向上都获得了更为科学的指导，以往的课程教学在工作重心上过度偏重于对学生进行音乐理论知识及音乐技能培养的教学，对学生审美感知、艺术表现及文化理解方面的能力发展缺乏关注。面对以往教学工作中的不足，教育应从以下几方面出发，进一步优化高中音乐教育的教学方法，提升教学的全面性，让学生在音乐方面的综合素质和能力获得有效提高。

---

① 邓解芳，王梦怡. 普通高中昆曲教学开展的现状与可行性分析[J]. 天天爱科学（教学研究），2019（12）：173.

一、选择适当的合唱教学曲目

合唱教学本质上属于音乐技能的训练，而对于高中阶段的青少年而言，其声乐基础较为薄弱，加之正处在变声期，并不是所有的歌曲都适合高中生进行合唱训练。因此，教师要想做好合唱教学的工作，第一步就要做好合唱歌曲的选择工作，如果在合唱歌曲上选择不当，选取了单纯追求高音、过分强调技巧、演唱难度太大、音乐情感较为复杂、难以被中学生把握的合唱歌曲，即便再加强训练，合唱的效果也难以提升起来，如果一味要求高强度、高难度的训练，还会降低学生的学习兴趣，甚至损害学生的健康，所以要做好合唱的教学，教师的第一步就是要合理选择合唱歌曲。在合唱队初始阶段，教师可以选择一些当下流行的，与高中生所处时代比较贴近的，带有一定时代性、思想性、艺术性，同时符合高中阶段青少年认知特点和年龄身份特征的歌曲，这样便于学生理解歌曲并尽快投入情感去演绎歌曲，让合唱产生理想的效果。当有了一定的基础积累后，教师可以选择古今中外的经典合唱曲目，让学生加以训练、学习。实践发现，曲目越是经典，同学越是喜欢，训练的效率也往往会越高。

二、转变传统的合唱教学模式

受各方面条件的限制，在最早的传统合唱教学活动中，教师通常喜欢采用范唱的方式讲解歌曲，然后通过自己教唱、学生跟唱的方式进行教学，让学生在掌握基本演唱模式后，进行反复训练来提升合唱效果。这样的教学模式使学生始终在被动地学，学生的想象力、学习能力受到很大的束缚。而且学生对反复演唱也会感到厌倦，这样就很难取得理想的合唱教学效果。因此，首先教师可以调整以往传统的教学方法，让学生先观看合唱视频，对作品有一个初步了解。如观看混声合唱《大江东去》、厦门六中合唱团的舞台视频等，先使学生通过体验，了解到这首歌曲被演绎得最佳、最理想的音乐艺术效果是怎样的，使学生形成歌曲演唱效果的心理标准和预期，在此基础上，教师再向学生讲解歌曲内容、难点重点、演唱技巧，以及在演唱中各个声部的配合等，然后展开对作品的细致教学，一步一步，由浅入深。其次，教师还可以使用多媒体设备播放这首歌曲的背景音乐，让学生跟随屏幕进行跟唱，教师可以观察个别学生的演唱效果，对唱法上有明显问题的学生给予指导，对演唱特别优秀的学生也可以给予机会，让他单独演唱，把正确唱法展示、表演给大家。教学期间，分声部训练是教学中重要的环节，不可忽略。教师可以让男高、男低、女高、女低各自进行声部的训练，逐步纠错并养成相互倾听的习惯，对声部的横向和纵向发展要做到心中有数。最后，再把各声部的学生组合起来，进行正式的合唱训练，教师可以采用手机作为录制工具，随时录下学生的合唱视频，然后在大屏幕上播放，一边播放，一边讲解学生在合唱上存在的问题和不足，让他们对比观察自己的合唱和优秀合唱团的合唱在歌曲演绎和合作表现上存在的差距，这样，学生在明确合唱要求的基础上，可以通过不断对比训练缩小差距，其合唱水平也可以获得迅速的发展和提高。①

三、引导学生把握作品的情感

对于合唱的教学，教师不仅要做好学生歌曲歌唱技巧方面的指导教学，组织学生做好训练，还要注意让学生可以正确地理解和把握歌曲中蕴含的情感。学生只有正确地理解了歌曲情感，才能以正确的方法去演绎情感，才能在演唱表演上声情并茂，对歌曲内容做出精彩地演绎。这要求教师对歌曲的创作背景、主题、创作思想、作者创作风格等进行深入细致地讲解，并对歌曲在音乐史上的地位和影响、经典演绎版本等给予详细地介绍，这样学生才能通过对歌曲内容的学习，全面把握歌曲主旨，更好地把握作品的情感，从而在合唱演唱上做出正确地演绎。

综上所述，对于高中的合唱教学，教师要注意注重对学生音乐审美能力、创新能力与理解能力的培养，避免只追求技巧。学生只有懂得欣赏音乐，正确理解音乐，才能在演唱上达到较高的层次和水平。对于音乐合唱教学的方

---

① 刘媛青. 探究高中音乐合唱教学的优化策略 [J]. 教育艺术，2021（07）：49.

法，不同的歌曲是不一样的，没有可以普遍套用的通用模式，具体还需要教师结合歌曲内容做出针对性的设计。

第四节　高中音乐合唱团的建设发展

近年来，新教学改革明确指出高中阶段的素质教育坚决不能片面地实施，不能唯分数论，高中阶段作为义务教育与高等教育两者间承上启下的阶段，是夯实义务教育基础、巩固社会教育成果、体现全面育人的关键时期。艺术教育不仅可以实现中学生素质的全面提升，还能实现高中生的减负需求，而合唱教学是音乐课程的重要教学手段，是声乐表现的高级形式，合唱团是集体力量与智慧的表现艺术，是集体荣誉与感染力的变现手段。下面从高中合唱团建设发展的意义入手，从当前合唱教学现状切入，分析高中合唱团的建设途径，以期高中合唱团这种艺术形式能够实现良好的发展。

一、高中音乐合唱团发展的意义

（一）推动高中素质教育发展

在《关于深化教育体制机制改革的意见》及《关于新时代推进普通高中育人方式改革的指导意见》中明确提出，新时期高中教育要围绕立德树人的核心思想进行教学、教材、管理等环节的设计，而高中合唱团是素质教育中艺术教育方面最直接、最重要的一种方式，其作为典型的团队活动，团结性、创新性十分明显，作为接触艺术的重要基础课程，其可操作性强、体裁元素丰富，在音乐教师教授学习之后，即可进行相应的实践技能提升，训练简单且有效，从而促进学生全面发展。

（二）促进学生综合素质发展

虽然我国的高等教育规模不断扩大，但优质的教育资源依然十分稀缺，高考竞争愈发激烈的现实情况客观上导致了应试教育的长期存在，造成了高中生在单调枯燥地学习的同时，学业压力也十分繁重，阻碍了青少年综合素质的全面发展。而开展学生综合素养发展活动，既不能占据学生过多精力、影响高中整体教学计划，又要最大限度地达到素质培育效果。合唱作为声乐教学中的基础教学手段，既可以根据学生的个人声音、音色特点等找准自身定位，带给学生感受艺术审美的实践机会，还可以在音乐训练过程中潜移默化地对高中生进行团队意识、集体荣誉、艺术鉴赏等方面的培养，从而实现青少年个人核心素养的提高，让喜爱唱歌的青少年可以在繁忙的高中学习阶段不留遗憾。

二、高中音乐合唱团的有效建设

（一）优化招团机制

优秀的合唱团建设离不开优质的人才基础，合理、长效的"招贤纳才"机制必不可少。合唱团的优质成员可以在全体新生中进行初选，选择音质纯美、音准合格、节奏良好的高一新生发初试通知书。初选通过者可以自愿参加复试，复试主要考查嗓音条件、简单乐理、艺术表现力等专业方面。复试通过后，学校合唱团将发送正式邀请函，宣布通过的学生为合唱团成员。合唱团选拔优秀人才时，应给予他们足够的荣誉感、获得感，促使学生踊跃报名。

（二）深挖教学效益，进行科学合理的排练

音乐教师要创新合唱课堂教学模式，改变以往合唱教学偏整体、轻个人的传统课堂行为，要充分发挥学生的主观能动性，在不占用学习时间的前提下，利用大课间、拓展提素课、周末、课外时间等进行合唱训练指导，深挖教学潜能，提升教学效益。高中阶段的学生音域比较狭窄，合唱团教师要根据学生的年龄特点，遵循声乐教学的一般规律方法，制订日常训练计划。首先，

第一章 绪 论

青春期学生的发育对呼吸系统的影响较大,呼吸训练是每次训练的必要组成部分,教师要指导学生掌握呼吸节奏变化规律,熟悉快慢呼吸的基本方法,学会充分调动自身胸、腹、膈等部位去调整呼吸。其次,教师要注重学生对音准节奏的掌握,音准、和声的训练要持续,训练的全过程包括长音音准、自然音程、调节音阶、三和弦等的练习,注重音阶在合唱中的使用。再次,教师在日常训练过程中应渗透具有感染力的艺术思想,让学生感悟指挥手势、合唱曲目艺术形象的内涵,从而调动情绪控制演唱细节,完美表现艺术作品的极致效果。

第二章　高中音乐课程教学的资源

第一节　高中音乐课程的校园与家庭资源

一、高中音乐课程的校园资源

校园不仅是学习文化知识的场所，也是充满情趣和美感的审美殿堂。教师应更好地开发利用校园网、校园橱窗、黑板报、校园广播站、电视台、校园阅览室、图书馆等资源，向学生展示音乐，营造"润物细无声"的音乐学习氛围。

第一，围绕"每周一歌一曲"讲座的内容，以及课本上的相关内容，定期开展音乐竞赛等活动，调动学生积极参与音乐活动。

第二，学校可以将上下课的铃声设置成音乐，定期更换铃声，并介绍音乐的相关背景。举办"我与音乐铃声的故事""我最喜爱的铃声音乐"等征文比赛，营造充满音乐和人文气息的环境，让学生在优美的音乐旋律中学习和生活。

第三，引导学生利用图书馆中的书籍和杂志，向学生提供一个更为广阔的音乐天地。

二、高中音乐课程的家庭资源

在中国的人文环境中具有重视家庭音乐教育的优良传统与风气，但是很多家长不懂得从听觉上引导孩子，导致许多学生在枯燥的技能训练中对音乐学习产生了逆反心理。这是一个音乐学习的误区，而正确引导孩子学习音乐的做法具体如下。

第一，学校利用校报、家长报等指导家长从听入手，从兴趣开始，培养孩子的音乐素养。在一个家庭里，父母与孩子一起聆听音乐，会是一个非常温馨的画面。

第二，定期下发曲目及欣赏指南，指导家长为子女收集CD、DVD，购买音乐报刊、书籍等等，并指导家长创设家庭音乐氛围。

第三，邀请有特长的家长参与音乐课程、音乐比赛和音乐讲座。

第二节　高中音乐课程的学科综合资源

在课堂中，教师生动的表情、优美的动作、悦耳的讲解都会使学生沉浸在艺术氛围中，深刻地影响着学生的音乐学习。所以，教师生动的表情、丰富的神态、内在的音乐素养和对艺术的热切追求都是艺术资源之一。要想有效地发挥教师资源的作用，教师本身的素质是非常关键的。教师是学生最关键的"引乐人"，要在音乐艺术作品和学生之间搭起桥梁。同时，教师资源不仅包括学校的音乐老师，还可以是当地艺术家、民间艺人、会乐曲的家长等，近距离让学生接触到他们喜欢的"引乐人"，会增强他们对艺术的亲和力，激发学生持续学习的兴趣和热情。①

第一，丰富多彩的课外音乐活动。这类活动包括：①专题性活动，如"五四歌咏比赛""一二·九爱我中华合唱比赛""元旦师生文艺汇演""校园文化艺术节"等。②竞赛性活动，如"音乐智力竞赛"、"十佳歌手"比赛、器乐独奏比赛、独舞比赛等。③服务性音乐活动，如慰问演出等。让学生亲自参与到唱歌、舞蹈、表演、演奏和创编的活动中，实践音乐。校园音乐活

---

① 黄润带. 高中音乐教学的理论与实践探究 [M]. 广州：广东高等教育出版社，2019.

动还应与时俱进，如"校园好声音""校园艺术节""精彩60秒""配乐课本剧""配乐诗朗诵"等。

第二，指导学生建立自己的音乐库。辅导学生收集优秀的音乐作品，指导学生购买音乐书籍、杂志，让学生在积累音乐资料的过程中形成良好的音乐观念。

第三，经常举办音乐沙龙、小小音乐会、校歌创作、音乐网页制作等比赛或活动，吸引具有不同特长的学生参与。

第四，在学习相应的音乐作品时，让学生在课堂上为同学演奏，如在学习欣赏《校歌》《我和我的祖国》《梁祝》等作品时，让音乐特长生在课堂上为同学演奏、演唱、表演舞蹈。学生的表情、身体语言、情感投入等能使同学产生情感共鸣，而在同学面前表现自己喜欢的音乐并得到大家的共鸣和赞许，这也是一种深刻的成功体验，满足了学生自我实现的心理需要，促进了学生的进一步发展。

高中音乐欣赏的内容包含各类音乐作品，可谓是丰富多彩。在音乐教学实践中，可以使音乐与戏剧、历史、文学、美术、哲学等人文学科进行综合，赋予音乐课新的内涵，这对进一步提高学生的综合素质、拓宽学生的人文视野具有重要意义。[1]

第三节 高中音乐课程的教育技术资源

现阶段，我国经济发展水平的稳步提升促进了科学技术的发展，推动了新课程教育的改革，而音乐属于高中课程中一门重要的课程，需要在校教师将其重视起来。目前，高中音乐课程在教学过程中存在的主要问题有：音乐课程不受重视，课堂教学比较散漫，课程教学缺乏具体可行性的目标与计划，

---

[1] 陈育燕. 核心素养视域下高中音乐课程多维融合教学观建构[J]. 当代教育与文化，2021，13（04）：61-66.

导致学生无法有效学习音乐课程，等等。因此，需要高中音乐教师将音乐课程重视起来，融入现代教育技术，从而为学生的学习提供丰富的音乐资源，进而提升学生学习音乐的兴趣，改变信息的承载方式，不断创新音乐教学方式，提高学生的学习效率。

一、提供丰富的音乐资源，提高学生的学习兴趣

在以往的音乐课程教学过程中，普遍都是教师单方面传授乐理知识、教学重点等，偶尔会借助学校的音乐器材、CD等进行教学，教学设备比较有限，导致学生只能在仅有的乐器中进行练习，或者重复听取录音（机）中的音乐，这种教学方式比较枯燥乏味，学生会在反复练习中丧失学习音乐的兴趣。因此，需要教师改变传统的教学方式，将现代教育技术融入音乐教学中，不断丰富教学资源。利用多媒体教学，教师可以在课前结合教材中的重点知识内容，收集相关的图片与视频资源，将其制作成课件，利用多媒体播放出来，让学生欣赏到不同类型的音乐、不同种类的乐器演奏及不同的演唱技巧等，这种教学方式可以充分调动课堂气氛，激发学生学习的积极性，集中学生的注意力，让其发挥自身的主观能动性，最终提升音乐素养。

二、改变信息承载方式，优化学生的学习环境

音乐学习是一个漫长的过程，其中蕴含着丰富的知识，需要学生在日常学习过程中不断进行信息提取，做好相关音乐的记录，从而帮助自己有效地练习，促进音乐能力的提升。不过这种音乐信息承载方式的有效性比较低，会浪费大量的时间，影响学生文化课程的学习，且录入信息的完整性也比较低。而早期信息承载方式也比较落后，较多著名的乐谱由于科学技术落后而无法得到有效的保存。现阶段，音乐教师可以将现代教育技术融入音乐课程的教学中，改变信息的承载方式。教师在音乐教学过程中需要进行音乐录制，此时教师可以借助多媒体将录制的内容完整地保留下来，进而对其进行获取与分析。此外，在课堂上利用多媒体教学，学生可以将自己的原创音乐作品

播放出来，在试听过程中不断发现自身存在的不足，进而有效提升自己的音乐水平。[①]

三、创新音乐教学方式，提升学生学习效率

将现代音乐技术融入音乐课堂的教学过程中，既可以丰富音乐资源，改变信息承载方式，还可以创新高中音乐的教学方式。传统的教学方式主要是教师单一地传授音乐知识，学生在课堂上认真听讲，做课堂记录，而这种教学方式不利于学生发挥自身的主观能动性，对音乐也缺乏自己的见解，从而影响音乐能力的提升。将现代音乐技术应用于课堂中，将学生的理论知识与实践教学相结合，可以在一定程度上提升学生对音乐的认知，不断提高学生的音乐实践能力，最终形成属于自己的音乐风格。

---

① 顾申婴. 高中音乐教学中现代教育技术的应用研究[J]. 当代家庭教育，2020（08）：116.

第三章　高中音乐教育教学方法实施

第一节　高中音乐教育教学方法选择

高中音乐教育教学方法的选择有着自身的要求和需遵循的原则，要依据音乐课程教材、教学过程、教学环境、教师教学能力、学生学习能力等要素来进行选择，尤其需要注意的是，高中音乐教学方法与小学和初中音乐教学方法相比，更注重学生的中心、主体地位。

一、高中音乐教育教学方法选择的要求

教学方法作为基本概念存在于各学科教育中，很多关于教育学和教学论的著作对教学方法的选择要求归纳出许多的使用原则，如教学方法的面向全体、因材施教、直观性、启发诱导等原则，这是根本性的原则，任何学科的教学方法实施都必须依照这些根本性原则，音乐教学方法同样如此。音乐教学方法原则也是音乐教学方法理论中的基本概念，是人们在实施音乐教学中组织、计划、评价及构建音乐教学方法所必须遵循的基本原理。它是人们在实施音乐教学过程中采取音乐教学方法的基础，具有科学的思想指导，决定着师生在音乐教学中采用怎样的教学方式及学习方式。

二、高中音乐教育教学方法选择的手段

在高中音乐教育教学方法选择的要求这一问题中，我们讲到了教学方法

的一般原则和音乐教学方法的特殊原则，下面分析在遵循这些教学方法原则的基础上，如何进行高中音乐教学方法的选择。

（一）熟悉以高中音乐教材为中心的教学要素

从教师的角度来看这个问题，在选择高中音乐教学方法之前，教师必须熟悉教学任务及相关的要素，要将教材内容具体化，这是教学方法选择的立足点。通常而言，教学任务是通过实施教学内容来落实的，因而在选择音乐教学方法时必须要考虑音乐教材的特点和相关要素，知道这些要素在教学过程中的地位。每一个要素都有其一定的地位，起着一定的作用，因此在选择音乐教学方法时，必须要熟悉以高中音乐教材为中心的各教学要素，换言之，音乐教学方法的选择必须遵循这些要素。同时，还要熟悉高中音乐教材的难易程度。高中音乐教材有别于小学和初中音乐教材，小学音乐教材相对简单，初中音乐教材难度有所提升，高中音乐教材难度加大，这个时期的教材以音乐鉴赏为主，辅以《歌唱》《音乐与戏剧表演》《音乐与舞蹈》《音乐与创作》等，故高中音乐教学方法的选择要符合教材内容多元的特点。

（二）研究并掌握高中生学习音乐的需求

从学生的角度来看这个问题，在选择高中音乐教学方法之前，教师必须研究和了解高中生的年龄和行为特点，学生在小学到初中的九年时间里，在知识学习、技能掌握、事物判断、社会实践上都有了一定的发展，具有基本的教育修养，对一些问题也有了主观上的判断能力。在进入高中学习阶段后，这种主观上的意识形成就更加强烈，学生迈入了成年人的意识领域，在对问题的判断上掌握了各学科的实际操作技巧和能力，包括音乐学科，形成了自己做结论和概括的习惯，这是高中生的一大特点，而高中生的这一特点，直接影响着音乐教学方法的选择。因此，音乐教学方法的选择必须要把学生的年龄和行为特点考虑进去。音乐教师必须预先研究学生的学习态度、探究能力、耐性能力、组织能力、独立活动能力、实际操作能力、驾驭能力等，只有这样，音乐教学方法的选择才不会与高中音乐教学脱节，才能达到音乐教学的最终目的。

（三）分析与利用高中音乐教育教学的外部条件

高中音乐教学分为软条件和硬条件。软条件是一种精神环境，硬条件是一种物质环境。软条件主要是指音乐教学中能够影响学生思想和行为的文化意识、学习意识、学习氛围、知识理论、学科技能等。硬条件是指音乐教学中具有服务和保障作用的教学场所、音乐器械、音响设备、网络媒体等基础设备和设施。教师在选择高中音乐教学方法时要充分考虑这一外部条件，需要把握好以下几个方面。

1. 把握动态的高中音乐教学软环境

在高中学习阶段，学生的思想意识是一个蜕变的过程，同时呈现出不稳定的特征，易受到环境的影响。所以，及时了解和准确把握音乐教学软环境非常重要，对此要注意开展好两个方面的工作：第一，面向高中生群体，了解和掌握高中生动态的软条件情况，即学生文化意识的程度如何、学习意识的强弱如何、学习氛围的浓淡如何、知识和理论的了解深浅如何、学科技能和技巧的掌握如何。第二，了解的角度和层面要广泛。从了解教学软环境的层面上讲，可以以年级为单位进行了解，还可以以班级为单位进行了解。因为在实际的教学中确实存在着认同上的差异性，这一点教师必须了解清楚。这也是今后在选择音乐教学方法时实施差异教学法的基础。

2. 把握良好的高中音乐教学硬环境

随着社会物质文明的不断发展，教学硬件设施也逐步得到了改善，特别是活动场所的改善和多媒体互联网的出现，为高中音乐教学带来了前所未有的机遇，得到了广大学生的喜爱。而这些硬件设施的出现还赋予了音乐教学特殊的使命，如多媒体音乐作品的声音效果、音乐作品的视觉效果、音乐作品的视频编辑效果、学生与影视音效的配合效果等，这都为音乐教学提供了重要的保障。

3. 把握好软环境与硬环境的对位

软环境与硬环境的对位主要是强调在选择高中音乐教学方法时，要注意处理好软环境和硬环境的关系，切勿顾此失彼，不能一味强调软环境重要或是硬环境重要，也不能在教学中出现只重视软环境，忽视硬环境，或者只重视硬环境，忽视软环境的情况。例如，一节课的内容是音乐作品鉴赏，教师依据学生的学习采取口述的音乐教学方法，从一节课开始就讲解，到课堂结束时还是讲解，这就很容易引起学生的厌烦情绪，而这样的教学效果也不会好。还有的教师为了教学生动，活跃课堂气氛，从一节课开始就播放影视资料，到课堂结束时还是播放影视资料，引起学生的视觉疲劳，这样的教学效果并不够显著。

（四）设定高中音乐教育教学的方法

高中音乐教育教学方法的设定是建立在综合把握音乐教学过程中各要素的基础上的，采取何种音乐教育教学方法必须根据音乐教学目的和教师、学生、环境等因素来确定，同时音乐教育教学方法的确定需要实际教学来验证。下面以音乐鉴赏课《鳟鱼》为例，分析其教学方法的设定。

1. 教学目的和任务要素的教学方法选择

教材以"音乐能告诉我们什么"为任务，以感受与认识为目标，在选择教学方法时，教材首先考虑了学生刚开始学习时的接受能力，在选用陈述理论性音乐知识开讲还是选用欣赏音乐作品开讲的问题上，教师可以选择由近及远的做法，先用高中生更容易接受的开讲方式进行授课，再采用启发、引导的方式提出相关问题，把教学内容呈现给学生，即教师选择的音乐教学方法是启发法和引导法。

2. 体现教材内容要素的教学方法选择

所举例的《鳟鱼》教材是从钢琴音色入手，力求从学生的听觉上引起学生的审美期待。作品由主题和五个变奏组成，段落清晰分明，能引起学生对《鳟鱼》的兴趣，促使学生探寻《鳟鱼》的内容。例如，书中所讲，阴暗、压抑的小调是渔夫在搅浑河水吗？鳟鱼被钓起后，音乐又回到原来的大调了吗？设计出一些可感而未知的问题，引导学生去探究，教师的音乐教学方法可选择探究法。

3. 体现教师可能性要素的教学方法选择

教师是教学工作的组织者，也是教学工作的参与者，教师的教学能力是保证教学效果的一个重要方面，基于这方面的要求，提出音乐教学方法选择中的教师可能性要求。教师的可能性体现在与学生的热身活动中，教师以音乐教学活动为主线，以"音乐能告诉我们什么"为导语，让学生对教师有一个初步印象，能与教师进行沟通。教师要认真听取学生的发言，陈述自己对音乐的感受，引导学生在讨论中潜心感悟和自我总结，帮助学生提升审美能力。教师自身具备的识谱、提问、画图、叙述能力也提供了教学的可能性。因此，音乐教学方法可选择互动法、交流法。

4. 体现学生可能性要素的教学方法选择

《鳟鱼》的音乐形象鲜明、生动，整体气氛轻松、活跃。当渔夫搅浑河水时，作者弗朗茨·舒伯特（Franz Schubert）采用了较为阴暗、压抑的小调，使歌曲色彩暗淡下来。在经过鳟鱼被钓起、主人公一番心情激动之后，音乐又很快回到了原来的大调。歌曲开始时的六小节前奏形象地描绘了潺潺流水及鳟鱼在河水里游动的情景。高中生喜欢聆听故事情节非常强烈并带有遐想的音乐作品，此课就具有这一特点。由于对作品感兴趣，学生增强了话语权，并可以通过对音乐的听赏和学习获得精神上的享受，通过生活的体验获得知识和审美意识的概括与总结。故而此课的音乐教学方法可选择探究法、概括法、体验法。

5. 体现外部条件要素的教学方法选择

在这点上虽然课例当中没有明确提出外部条件，但作为选择音乐教学方法的要素，其确实是存在于每一节课当中的，应该说没有哪节课可以游离于外部条件之外。针对这一问题，每一位教师都应会利用这一条件去辅助教学。此课例虽然没有明确提到外部条件，但是不等于没考虑。《鳟鱼》能引起学生的关注吗？答案是可以的，因为作品属于标题音乐，往往从标题上就可以让人浮想联翩，一探究竟。而要想将作品更生动地呈现给学生，利用多媒体和教学设备进行辅助是必然的。故音乐教学方法可选择展示法、感知法。

以上就是对课例《鳟鱼》的教学方法选择所做出的分析。值得强调的是，音乐教学方法的选择还需在教学中得到检验，即实施教学评价，这样才能保证音乐教学获得最佳的教学效果。

三、高中音乐教育教学方法选择的问题与解决

（一）高中音乐教育教学方法综合性选择问题与解决

在一节音乐作品鉴赏课后，教师提问："你们觉得这节音乐作品鉴赏课怎么样？"许多学生的回答是："没明白这节课重点是什么。""这个音乐作品很好听。""学习这个音乐作品有什么用？"很显然，学生的回答并不能让人满意。而教师想要的学生回答应该是：这节课的音乐作品给予人心灵上的震撼，这节课使我懂得了音乐作品所表达的是人类极其丰富的思想感情，欣赏音乐作品可以使人振奋精神，欣赏音乐作品使我感受到音乐带给人精神上的享受，等等。这样的回答是教师音乐教学和音乐课程教学目标所期盼的答案。而学生会出现前面回答的主要原因在于：许多音乐教师偏重于用课堂口述和音乐作品展示的方法开展教学，往往专注于音乐的技能和技巧，基本上采用这些不变的教学方法进行多个音乐章节的教学，很少通过学生参与互动、亲身体验活动的方法来激发学生的学习积极性。结果就是学生在音乐知识学习和个人思想品德修养方面没有得到有效的熏陶，只是机械地学习音乐技能和技巧，没有产生自我学习的兴趣，也没有提高音乐审美能力。这样的教学效果自然是不理想的。

从高中音乐教学方法的选择要素出发进行分析和判断，上面提到的音乐课堂教学在熟悉音乐教材特点和高中生年龄特点方面并没有达到高中音乐教学方法选择的要求。高中音乐教材处于学生初级教育阶段教材的最顶端，它注重的是音乐作品鉴赏中的艺术性，而非像做数学题那样要求标准答案，更多的是在意识上的要求，需要通过思维活动、启发活动及探究活动来培养。而针对高中生的年龄特征，如求知欲望浓厚、独立思考能力旺盛、竞争意识强烈等特点，需要高中生通过亲身参与教学、体验活动及自我表现来实现培养目标。如高中音乐作品鉴赏课的教学，教师在选择音乐教学方法时，必须要对所授课的条件进行具体分析，教师应该将授课所具备的条件与课程目的、任务及教学形式相对照，通过获得的信息，经过深思熟虑后做出有根据的分析。需要注意的是，音乐教师必须要完整地把握音乐教学方法综合性的要求，

即音乐教学原则、音乐教学目的、音乐教学任务、音乐教学可能性、音乐教学内容、音乐教学条件。可根据音乐教学过程中的各要素设定不同的教学方法，就高中音乐鉴赏课的教学方法设定而言，可选择讲解法、启发法、情境法、表现法、借助法等。

因此，音乐教学方法的选择必须要综合运用，如果在没有考虑所有音乐教学方法要素的情况下选择音乐教学方法，就会影响到整套音乐教学方法的运行，达不到预期的效果。

（二）高中音乐教育教学方法优选问题与解决

一些音乐教师反映，他们是按着高中音乐教学大纲来实施教学的，也采取了不少的教学方法，但学生反馈的情况却不乐观。而出现此现象的原因是音乐教师在进行诸如鉴赏课教学时，往往专注于固有的音乐作品曲调知识的学习、技能技巧的传授，学生的独立学习、积极参与、自我表现被音乐教师的课堂口述等代替，这样势必会降低音乐教学的效果。

以上问题的出现，其主要原因有两点：一是音乐教师对音乐教学方法的多样性见解还具有局限性。在音乐教学中音乐教师大多采用的是口述法、实际操作法（学生演唱、听讲），并在相当长的时间里一直沿用这种固定的音乐教学方法，甚至不愿改变已经习惯了的教学模式，从而造成了音乐教学方法比较单一的问题。而这种音乐教学方法却影响了音乐教学的发展。音乐教学方法选择一定要符合音乐教学的各要素，其中在教师和学生的可能性要素上要与实际教学情况相对应。因此，高中音乐教学要依据高中生的特征，激发学生对音乐学科的兴趣，活跃学生的思维及独立思考精神，相对应地可选择具有探讨问题与创设情境内容的启发式、探究式方法，也可选择具有激发学生学习兴趣、增加学生记忆、实现学生自己做结论和概括愿望的表现式与体验式方法。二是音乐教师缺乏对音乐教学方法的优选。在实际教学中了解到，音乐教师在音乐教学方法的选择上并不是缺乏与之相应的选择条件和基础，而是在掌握了一定的音乐教学方法后，在具体音乐教学方法的选择上没有做到教学方法的优选。在这一点上，要求教师在选择音乐教学方法时，注意运用比较效果的观点来判断使用何种音乐教学方法,哪种方法更有利于解决音乐教学问题,或者更有利于被学生接受,就应该考虑选择哪种音乐教学方法。同时,教师还应对选择的音乐教学方法的可能性进行评估,防止选择音乐教学方法的盲目性和随意性,既要防止陈旧刻板的教学方法,也要防止盲目求新的施教方法。

(三)高中音乐教育教学法选择中的教师能力问题与解决

当前,部分音乐教师在音乐教学方法的选择上,采用的音乐教学方法不够宽泛,具有局限性。音乐教师在音乐教学方法选择中的空间想象、灵活性方面显得缺乏,往往采用固定的一两种音乐教学方法来实施整本音乐教材的教学。这些问题的存在实际上反映出部分音乐教师的教学综合能力不足和面对丰富多彩的高中教学环境准备不足、研究不够等问题,其原因主要有以下方面。

1. 音乐教师关于音乐教学方法方面的知识有所欠缺,尤其是自我学习不足

一些音乐教师因教学时间安排紧、音乐活动多等客观原因,没有充足的时间安排自我学习。另外,教师的自我学习意识不够强,导致相关音乐知识的匮乏,特别是一些青年音乐教师,本来从事音乐教学工作的时间就不长,教学经验不足,如果再不注意平常的教学学习,自然就会影响到本职工作。对此,教师必须要有时不我待的紧迫感,以音乐教学为己任,制订自我学习计划,在音乐教学方法的发展、教养及教育上把握好音乐教学方法具体任务的方向性。

2. 音乐教师关于音乐教学方法的研究不够

从客观上讲,由于音乐教学方法本身就具有发展性,除了常见的音乐教学方法外,很难对音乐教学方法在数量上进行规定,而大部分的时候音乐教学方法是一个动态变化的运行模式,所以很难掌握。而在现有的音乐教育书籍中也缺少音乐教学方法方面的论述,也少有能列举出音乐教师在实施音乐教学方法上的具体方法和实施步骤,造成音乐教师学习、参考上的不便。另外,从目前的研究培训机制上看,关于专题性音乐教学方法的研究还不多,音乐教师研究和培训的机会很少，这也是音乐教师研究和培训不足的原因。对此，最好的选择是发动自身，多想办法，利用一切可利用的时机和条件进行研究和学习。如果有条件的话可根据片区和音乐教师分布情况，建立研究和协作机制，使之长效化，如音乐教学方法研究小组、音乐教师教学方法实践小组、音乐教学联盟学校等研究学习组织。相关音乐教育主管机构和音乐教研组织要尽可能安排音乐教学方面的各类培训，让音乐教师拓宽自己的工作视野，接触更多的音乐教师，开展学习交流，不断增长音乐教师的专业能力。

第二节　高中音乐教育教学方法创新

任何事物的创新都是时代发展的要求，也是人类进步的标志，只有不断创新，人们才能跟上时代发展的脚步。高中音乐教学方法也不例外，这既是时代的要求，也是高中音乐教育教学的要求，它是实现高中音乐教学目的的重要保证。

一、高中音乐教育教学方法创新的要求

高中学习阶段处于学生全日制学习中的中等教育阶段，而这个阶段设置的音乐课是全员学习阶段，随着高中阶段学习的结束，绝大多数高中生的音乐课学习也随之结束，进入大学后也只有小部分学生进行音乐专业的学习，不像高中阶段那样每一个学生都要上音乐课，因而高中音乐教育就显得非常重要。但这也为高中音乐教育带来了压力，增加了音乐教学工作的紧迫感，促使教师不断深入进行高中音乐教学方法的创新。特别是在当前音乐教育的发展趋势下，国家提出了学生的核心素养标准，音乐学科则表现为注重学生音乐核心素养的培养。学生的音乐核心素养要从音乐教育教学中来，从高中音乐教学方法创新中来。为了理清这一问题，教师必须要学习和了解音乐核

心素养的实质和内涵，为高中音乐教学方法的创新奠定牢靠的基础。

（一）深刻领会音乐核心素养的本质

中华人民共和国教育部公布的《中国学生发展核心素养》指出，要以科学性、时代性和民族性为基本原则，要以培养"全面发展的人"为核心，提出了文化基础、自主发展、社会参与等三方面的要求。这为教师在开展学生核心素养教育工作时指明了方向，提供了依据。同时，这也提出了新的课题，即在工作中如何落实好这一要求，特别是在思想认识、工作方法上如何取得明显成效，是值得人们去探索研究的问题。就音乐教育工作而言，要提高学生的音乐核心素养，实现以"全面发展的人"为核心的目标，就需要教师对其有着深刻的认识和理解并付诸行动。核心素养总体框架标准与音乐学科课程的有机结合表现为音乐核心素养，而音乐核心素养的表现有其突出特点。

1. 体现音乐的审美价值

按照音乐教育学的观点，音乐教育是一种美育教育的形式，其目的是使受教育者通过音乐的学习和活动，获得感受美、鉴赏美和创造美的能力，并按照美的规律去工作、生活和学习，从而让人变得和谐，这就是音乐审美的价值，这就是音乐核心素养的根基。因此，音乐教育教学的全部过程都应体现这一教育理念。教师的音乐教育教学工作也应围绕这一教育理念进行开展，这也成为衡量音乐教育教学质量的一个重要指标。学生的音乐审美价值直接体现在学生的音乐审美能力上，音乐审美能力越强，音乐审美价值就体现得越充分。换言之，要想使学生体现音乐的审美价值，就必须提高学生的音乐审美能力，它是教师提高学生音乐核心素养的关键性问题。那么，学生的音乐审美能力如何提高，或者说表现在哪些方面？教师可以从音乐教育教学的实际来看，它来自学生开阔的音乐学习视野，来自学生不同音乐表现风格的体验，来自学生掌握音乐知识和演奏技巧的表现，来自人与人之间的音乐交流信息，而这些都是音乐审美价值的具体体现。为了达到这样的目的，在学生的音乐核心素养教育中，音乐审美教育应是音乐教育的主线，贯穿音乐教育教学的全过程。这也是音乐教育区别于其他学科的一项重要的原则，它集声音优美、时间无限、听觉享受、热情奔放、感情交融于一体，体现着音乐的巨大魅力，实现着音乐的审美价值。

2. 体现音乐的文化价值

音乐之所以能世代相传，是受音乐文化价值的支撑，之所以说它有价值，是因为音乐的各元素与人们所要表达或感受的事物息息相关，有着其他学科及活动所不能表达和感受的特有功能，无论是现在还是将来，它都将受到人们的喜爱。在人们的日常生活中也离不开音乐，音乐总是会时时刻刻伴随着人们。而且，随着传播媒介越来越多样、新颖、迅捷，人们对音乐的依赖程度也越来越强，对音乐更是具有广泛的选择性，使人们能在高尚的音乐审美感受中得到美的享受和教育。而这种高尚的音乐享受和教育能反映出人们对民族音乐文化的理解和传承，对个人志向的激励和奋斗，对音乐技能技巧的专注和敬业，对祖国的崇敬和热爱。

（二）明确音乐核心素养的重要意义

在音乐教育教学中，音乐核心素养的重要意义主要体现在审美体验价值、创造性发展价值、社会交往价值和文化传承价值方面，这与当前学生的六大核心素养——人文底蕴、科学精神、学会学习、健康生活、责任担当、实践创新是一致的。实际上，音乐教育教学价值是学生核心素养在音乐教育教学中的具体体现，是学生核心素养的重要组成部分。

1. 从音乐的人类交流属性上理解

音乐是无国界的。在不同的年代、不同的地方、不同肤色的人群中，多少名人志士与人民群众是因为唱歌"走到了一起"，歌声与其中所表现出来的情感就是人们交流的纽带，这种纽带将人们的情感、观念和思想联系在一起，分享着人们共同的美好生活。同样，学生是社会的一分子，他们是时代的新生力量，对音乐的交流也是必不可少的。他们对音乐的热衷胜于以往，对音乐的交流欲望更加强烈，这对于教师开展学生的音乐核心素养教育提供了有力的帮助，教师要充分利用好这一因素，广泛地开展与各学科的交流，让交流取得成果。

2. 从学生学会学习的过程上理解

从学生核心素养的内容上看，在其六大核心素养中，明确提出了学会学习的要求。对此，学生的音乐核心素养一定要体现这一内容。教师作为音乐教育教学的组织者，必须从思想上充分认识这一要求，在具体的音乐教育教学中，将教育的结果和教育的过程视为一个整体，既要重视结果，也要重视过程。那么，从当前的音乐教育教学实际情况来看，音乐教育教学的过程需要融入很多关键要素，这些要素都是教师培养学生音乐核心素养的要素。一是音乐学习过程中的知识要素，它是构成学生学习音乐和开展音乐活动的基础，没有音乐知识的支撑，音乐教育就无从谈起，这种音乐知识的建立要体现在学生的自主学习上，了解、知道学的内容。二是音乐学习过程中的情感要素，它是构成学生学习音乐和开展音乐活动的灵魂，没有灵魂就没有思想，这种灵魂要建立在感官折射出的情感认知上，让学生懂得该怎样去体验。三是音乐学习过程中的人生修养要素，它是构成学生学习音乐和开展音乐活动的精髓，这种精髓是在学生不断发展和自我完善中发挥作用的，让学生学会自觉加强自身修养，并将其作为一种良好的生活方式。

3. 从学生学习音乐实践能力上理解

学生音乐核心素养的体现与学生音乐的实践能力密切相关。教师的音乐教育教学工作所要达成的任务，就是要让学生在接受音乐教育的前提下获得音乐实践能力，这也是音乐核心素养的内在要求。学生的音乐实践能力来自于学生的音乐实践活动，不同的活动内容所表现出的实践能力也不同，而表现出来的各种实践能力也是要经过具体的实际锻炼才能获得的。例如，在音乐作品的鉴赏活动中，反映出的是音乐的审美实践能力；在音乐作品的交流活动中，反映出的是音乐合作实践能力；在音乐作品的演出活动中，反映出的是音乐的表现实践能力；在音乐作品的编排活动中，反映出的是音乐的创造实践能力。这些实践能力汇集成学生的综合音乐实践能力，只有在具备了这样的综合音乐实践能力之后，学生在遇到问题时，才会有办法解决。

（三）创新高中音乐教育教学的方法任务

1. 调动学生对音乐学习的兴趣

兴趣是最好的老师，它是内在的学习动因，是每一个学生本身具有的潜质，只不过体现在每个学生身上的程度不同而已。作为高中生，他们对于自己的言行已经趋于成型，对自己的兴趣也具有了选择性和隐藏性，不太会轻易显现，这就要看自身如何调动。具体到音乐教学中，教师的任务就是让高中生对音乐作品产生积极的情感共鸣，激发出学生对音乐艺术的热情。

2. 提高学生的音乐感受能力

教师可以通过音乐教学使学生掌握一些关键性的音乐知识和音乐基本技能，提高学生的音乐感受能力。只有具备相关事物的操作技能，才能具备驾驭相关事物的能力，音乐学习也是如此，具备基本音乐知识和技能技巧，才能感受到音乐艺术的魅力，这就是要让学生在音乐的审美、音乐的创造、音乐的文化上具有价值感受。

3. 指导学生开展音乐实践活动

任何理论的学习和技能的掌握都必须要应用到生活实践中，这是音乐教学的意义所在，也是学生获得音乐修养的具体要求。通过音乐实践活动可以检验学生的音乐态度与价值观，更重要的是它好比一个"指引器"，引导学生进行正确的音乐生活。

二、高中音乐教育教学方法存在的问题

高中音乐教育是非专业音乐教育的重要阶段，具备一定的音乐艺术审美意识、音乐创造能力、音乐文化传承能力及音乐基本技能和技巧是高中音乐学习阶段的基本要求，而这个要求对高中音乐教学而言意义重大。《普通高中音乐课程标准》指出："普通高中音乐课程应将我国各民族优秀的传统音乐和反映近代与当代中国社会生活的优秀音乐作品作为重要的教学内容，使学生了解和热爱祖国的音乐文化，增强民族意识，培养爱国主义情感。在强调弘扬民族音乐文化的同时，还应以开阔的视野，体验、学习、理解和尊重

世界其他国家和民族的音乐文化。"广大的音乐教师经过多年的学习实践，积累了不少的经验和总结出不少的音乐教育教学方法，进一步提升了音乐教学的水平。但是，音乐教育仍然存在着许多的问题和不足，特别是在面对新形势下音乐教学发展和改革不断深入，面对教育部提出的培养学生核心素养，以及具体到音乐学科的学生音乐核心素养的培养要求时，教师在音乐教育教学方法上还比较滞后，有待改进。因此，教师必须做好应对工作，为了便于教师有针对性地开展工作，本书就当前高中音乐教育教学方法存在的问题做出以下分析。

（一）高中生在心理活动选择上存在差距

高中生对事物的认识、分析、判断、接受是依据认识过程而发展的，但是从目前高中音乐教学中可以了解到，很多教师没有把握好这个规律性的过程，音乐教学方法没有按照这个规律进行选择，依然沿用传统的音乐教学方法，甚至不管音乐教材内容的重点、结构和难易程度，全部采用统一的讲课方式，这样的课堂活力不够、创新不足、效果不佳，在这种情况下想要调动学生的学习积极性，激发学生学习音乐的兴趣是很难实现的。

目前，高中音乐课开设的是音乐鉴赏课程，其立意非常明确，即通过对音乐作品的鉴赏，让高中生在精神上得到享受，音乐技能得到发展，认识、理解能力得到提高。应该说，在音乐学习要求上的程度已经非常大。当然，作为音乐教学任务来讲，其难度也就非常大。在这种情况下，教师的音乐教学就更应该在充分利用现有教学资源和进行教学改革的基础上，掌握学生的心理活动趋向，并以此为依据力求音乐教学方法的最优化。

在音乐鉴赏课中，学生在认识上的心理活动是通过对音乐作品的感觉、知觉、记忆、思维、想象及表象等过程完成的，学生在认识上的心理活动是一个包含各认识要素的过程。必须强调的是，认识过程是有顺序的，切不可颠倒。学生的认识首先是对音乐鉴赏作品在大脑里的直观反映，还可以称之为感觉，即通过人的器官，如耳朵和眼睛，聆听作品声音，观看音乐乐谱。然后是知觉，即对音乐鉴赏作品的信息进行记忆、识别，使大脑对音乐作品有一个较为完整的反映。最后是思维，即对音乐作品进行联想、判断，通过表象得到情感体验，形成音乐共鸣，激发学生的音乐创造力，提高审美意识。在课堂教学上，教师要注意认识阶段的特殊性，根据认识阶段的特殊性选择音乐教学方法。例如，在学生对音乐作品认识的初始阶段，音乐教师切不可将音乐作品的风格、曲调、结构向学生直接介绍，甚至将鉴赏作品的作用、目的、意义直接介绍给学生，这样违背了学生的认识过程，本应是学生对音乐作品感觉的过程，却被知觉和思维的过程替代了。学生没有经过感官认识的过程，直接感受到思维结果，被动地接受了答案式的教学，音乐教学质量自然无法得到提高，学生也不可能真正得到情感共鸣、音乐创造能力和音乐审美能力。

（二）高中音乐依赖单一的音乐教学方法

随着音乐教学的不断发展，音乐学科与其他学科一样面临着新情况、新问题，这就需要教师不断地创新和改革教学工作。但是，有些音乐教师并没有重视这个问题，在教学中仍然使用一成不变的教学方法，只注重音乐知识和音乐技能的传授，一味地进行烦琐的乐理知识教学，进行歌唱发声、演奏技巧技能的指导，而且教学方法单一，没有针对具体的情况采取相应的措施，更没有去创新和改革。学生只能机械地接受无新意的教学方法，在没有兴趣和激情的情况下学习，其效果肯定不会好。

（三）高中音乐教学方法缺乏应对机制

在高中音乐教学中，广大的音乐教师确实付出了很多的心血，做出了不小的成绩。但是，很多现实存在的问题影响了音乐教学工作的开展：一是学生需要应对高考的压力，容易减少对音乐的学习。虽然学生也非常想从音乐中受到熏陶，但由于学习时间和精力有限，因此无法顾及音乐课程的学习。二是音乐教师在音乐课教学中没有足够的时间去进行音乐教学方法的实践。音乐课的课时量与其他学科相比较少，而且学校、家长、社会等方面的重视程度不够，造成音乐教师教学动力不足。三是开展音乐教学方法的研究不够。作为学校，其音乐教学方法研究的制度还不完善，没有建立起长效的研究、学习、培训等机制，使音乐教师在音乐教学方法上得不到及时的学习和修正；作为音乐教师，一些教师得不到新音乐教学方法的支撑，仍然使用惯用的方法施教，只注重音乐专业技能的传授和音乐知识的灌输，忽视学生的兴趣爱好和情感，忽视音乐本身的审美特性，加重了学生学习的负担，这些必须要得到更正。

在此需要强调的是，音乐教师切不可有急功近利的思想，更不能有一蹴而就的做法，应该进一步改变教学策略，不断探索音乐教学方法，将音乐教学方法的创新当作一项长期任务。

三、高中音乐教育教学方法的创新策略

开展音乐教学方法的创新研究是教师音乐教学工作所面临的重要内容，教师必须要站在时代的前列，以高度的历史责任感尽心做好这项工作。而开展好这项工作，应该呈现的是多渠道、多层次、多项目、多内容的研究。

（一）高中音乐"感觉"教学法

1. 高中音乐"感觉"教学法的研究依据

目前，很多国家在中学阶段的音乐教育计划、方案或标准中，均有音乐"感觉"教育课程或者音乐表象课程的教学内容，研究工作开展得也比较好，有着较为统一的认识，即音乐作为非语言性的一种交流形式，音乐教育具有多渠道的教学途径，其中包含感觉与表象领域。德国教育委员会制定的教育目标强调的是培养理解社会现象和审美现象的能力，以及通过敏感化了的感觉来加强自我意识，其确立的教育内容和手段是值得我国借鉴的。

在我国普通高中音乐课程教学中，对于高中音乐教学关于"感觉"及表象的研究也有一些，但用于具体指导高中音乐教学的方面相对不足，对高中音乐"感觉"及表象研究的系统性也不够。表象又叫观念，它是比知觉更高级、更复杂的感性反映形式。表象是过去感知过的客观事物的形象在人们头脑中的再现，这种在人们记忆中浮现出来的过去事物的形象，就是表象。

国外相关领域研究对我国目前高中音乐教学具有借鉴意义，高中音乐"感

觉"教学法研究的总体任务是把高中音乐"感觉"及表象教学作为培养学生音乐审美能力的重要途径，以解决音乐教学中的实际问题。

2. 高中音乐"感觉"教学法研究的目标

以音乐审美教育为中心的音乐教育思想从音乐理论、社会学理论及教学法理论等方面得到了补充，提高学生的音乐核心素养成为音乐教育的重要内容，而落实这一内容，就要求音乐教师在音乐核心素养教学中要努力思考、探索、解决问题。

高中音乐"感觉"教学法将着重研究以"感觉教育"为内容的高中音乐教学。通过听觉、视觉、知觉的表象转化，使音乐素材作用于学生的感官，转化为完整、清晰、稳定的表象，使学生在此基础上产生的情感体验更丰富、更全面、更强烈，从而提高学生的音乐核心素养。

高中音乐"感觉"教学法力求总结出高中音乐"感觉"的审美教学法。促进高中音乐教师的专业成长，采用调查、试验、分析、总结的方式，通过音乐教师在具体音乐教学过程中的自行总结经验、提升理论、探索规律，实现音乐教师在教学中的不断自我完善，创新音乐教学工作。

高中音乐"感觉"教学法将在研究高中音乐"感觉"的审美教学法中，将学校音乐课外活动作为音乐课程资源的重要组成部分，以音乐课外活动为载体，建立较为规范的音乐活动实践平台，满足学生更多的音乐学习需求。

3. 高中音乐"感觉"教学法研究的内容

高中音乐"感觉"教学法研究的是如何以高中音乐"感觉"及表象教学为途径，提高高中音乐教学质量。所要研究的具体内容围绕教师在高中音乐教学中遇到的实际问题展开，突出高中音乐教学"感觉"及表象实践的可操作性、实用性。

通过高中音乐"感觉"及表象教学，使学生易于接受音乐教育，通过感受和心理活动，提高自身对音乐作品和音乐活动的认识，将这种认识转化为音乐核心素养，激发学生的自我表现欲望。

在音乐教学中，研究艺术的感染力，培养感觉及塑造个人周围世界的生活能力，培养理解社会现象和审美现象的能力，通过敏感化的感觉加强自我意识，体现个性表现和多面发展的特征。

（二）高中音乐鉴赏课 MAL 综合艺术感教学法

1. 高中音乐鉴赏课 MAL 综合艺术感教学法的研究依据

（1）为培养学生创新意识和创新能力，通过 MAL（音乐、美术、文学）综合艺术感教学法，培养学生跨学科综合运用知识的能力，促进学生的全面发展、主动发展。

（2）通过 MAL 综合艺术感教学法，充分发掘学生的感性潜能，激发学生的自由表现和创作欲望，用音乐艺术表达实现感性与理性相统一的要求。

（3）通过从整体的人格培养入手，从情感发展与认识发展相统一的观点出发，保证学生人格的自我实现。

2. 高中音乐鉴赏课 MAL 综合艺术感教学法的探究目标

（1）解决目前高中音乐鉴赏课教学形式单调的问题。

（2）通过 MAL 教学，从引导学生情感入手，加深对音乐形象的体验。

（3）有利于加深学生对音乐作品的理解，发挥学生的智慧和才能，增强学生欣赏音乐的兴趣。

3. 高中音乐鉴赏课 MAL 综合艺术感教学法的实施模式

高中音乐鉴赏课 MAL 综合艺术感教学法可将音乐、美术、文学的内容有机地结合起来进行教学，其中以音乐欣赏为主，同时兼顾美术的形象描述和文学语言的描述。通过组织教学、启发式的音乐知识教学、音乐作品欣赏和讲解，来展示学生自己的音乐形象，同时指导学生表演、绘画、作诗、朗诵，然后进行课堂检测小结等模式来实现目标。

（1）组织教学。结合音乐课特点，运用灵活而富有哲理的组织教学方式，如聆听音乐、展示画面、感受诵读等，创造出良好的教学环境。

（2）音乐知识教学。音乐知识教学是综合音乐鉴赏课的一部分。教师主要通过介绍音乐作品产生的历史背景、相关的典故和作品演奏使用的乐器等，使学生在思考的过程中掌握和理解音乐知识。因此，教授音乐知识是提高学生音乐素质和能力的重要途径。

（3）欣赏音乐作品。欣赏音乐作品是本教学法中的主要组成部分，目的在于使学生真正理解作品内涵。这一环节包括导入新课，激发学生欣赏乐曲的兴趣，继而通过音乐作品介绍、乐曲欣赏等步骤，开阔学生的艺术视野，加深对乐曲的理解程度，提高学生的鉴赏能力。

（4）检测与小结。在课程将要结束时，教师可以和学生一起归纳本节课所学习的音乐知识要点，并进行提问检查。

4. 高中音乐鉴赏课 MAL 综合艺术感教学法的教学策略

（1）教师要具备文学、美术和音乐三方面的知识底蕴，熟悉教材，明确要点、难点和教学环节。

（2）教师采用引导、启发等多种教学方法吸引学生重视教师演示，积极主动参与其中，从而获得音乐知识，把握乐曲内涵。

四、高中音乐教育教学方法在创新环境中的使用

在长期的音乐教学中，教师可能习惯了使用某种音乐教学方法，不管教学模块有何种变化，环境条件怎么改变，教学方法始终固定沿用于音乐教学。从客观上而言，这有一定的好处，但是从音乐教学方法发展的角度来看是不利的，这会影响到音乐教学的效果。创新是推陈出新的结果，就要打破原有的秩序，重新进行选择排列。在音乐教学中，对这些原有的音乐教学方法进行优选，针对变化了的音乐教学环境，合理有序地使用音乐教学方法，使音乐教学方法紧密地贴近当前音乐教学的实际情况，使音乐教学获得最佳的教学效果。

（一）音乐教学方法在最优结合中的使用

面对高中音乐课程不断提出新要求的情况，要重视音乐教学方法，实现最优结合。音乐教学手段的多样化适应当前高中音乐教学现状的必然要求，而音乐教学方法实现最优组合是开展音乐教学的具体手段。为了保证音乐教学效果，在教学方法与相应的教学手段之间采取最优结合势在必行，同时还要注重实践检验。例如，在鉴赏音乐作品教学中，应充分发挥直观法、操作

法等音乐教学方法的作用，用音乐作品音响的奏鸣效果在学生的听觉上形成情绪方面的感染，用教师丰富的表演效果在学生视觉上形成形象方面的感染，用模唱和亲身操作在学生感知上形成体验方面的感染，使音乐教学获得良好的教学效果。

1. 音乐教学中口述法的使用

在传统的音乐课教学中，口述法是使用频率最高的教学方法，几乎每一堂课都会使用到，正因为如此，教师在使用上也显得习以为常，没有了新鲜感，因而也就淡化了它的作用。但是从当前高中音乐教学的实际情况来看，口述法其实起着特殊的作用。这是由高中生认知能力的提高决定的。因为学生在进入高中学习阶段后，从各科所学的知识中积淀起较强的判断事物是非的能力，音乐教师通过口述法传授音乐知识、与学生进行交流、探讨问题等变得更加畅通，在音乐教学中使用口述法就显得尤为必要。另外，音乐教学的任务要求与学生进行双边交往，以激起学生的思维活动，培养学生独立的辨别能力，评价学生的学习质量，这些在音乐教学中都离不开口述法。

2. 音乐教学方法在艺术活动的使用

在高中音乐教学中，高中生活跃的思想极大地影响着他们对音乐的认知程度，而学生对音乐的认识基本上是通过感知音乐来实现的，学生感知音乐又是通过音乐活动载体来体现的，而这些载体正是音乐教学方法的具体活动形式。活动形式包括各种不同类型的音乐活动，如音乐作品鉴赏、音乐表演、乐器演奏、学生合唱、音乐即兴创作、舞蹈、歌曲演唱等。这些活动实质上是对学生音乐知识的学习能力、音乐创造能力、音乐审美能力、音乐文化传承等方面的综合检验。因此，在音乐教学中，教师必须组织好各类音乐活动，使音乐活动贯穿于音乐教学的始终，对照具体的教学任务和要求，开展好以音乐知识学习、音乐感受、音乐思维、音乐表演为内容的音乐活动。

3. 音乐教学法的综合使用

在音乐教学过程中，音乐教学方法不是单独运用的，而是多个音乐教学方法的综合运用。按照教学大纲的要求，每一节课的内容分为多个方面，而每一个方面都有其侧重点，如果用一种教学方法来教学，会造成教学效果上的缺失和不足，甚至会造成学生认知上的不足。对此，音乐教学法的综合运用是将课堂教学各阶段对应内容所选择的教学方法组成系列的教学方法。例如，在高中音乐鉴赏课新音乐知识学习的部分，为了让学生衔接好新音乐知识的学习，对于已学相关音乐知识的部分，教师可以采用再现法。在概括性音乐知识的部分，为了让学生系统把握音乐作品的特征，教师可以采用演绎法。在音乐作品的表现学习部分，为了让学生认识音乐作品的表现方式和实质，教师可以采用归纳法。总体而言，一节课采用的音乐教学方法应是其最优组合，这样才能达到学生学习音乐艺术的目的，也是提高音乐教学效果的有效方法。

（二）音乐教学方法在学生学习情境中的使用

之所以强调教学情境的问题，是因为在当前物质文明和精神文明不断发展的情况下，人们的生活呈现丰富多彩的景象，学生的生活也趋于开放的态势，尤其是在激发高中生学习音乐的积极性和兴趣上，针对情境所使用的音乐教学方法起着特殊的作用，这也是提出音乐教学方法在学生学习情境中使用的缘由。

在实际的音乐教学中，利用基于情境的音乐教学方法进行授课，也证明了利用情境进行的音乐教学所产生的积极效果。当课堂讲解新的音乐知识的时候，如果音乐教师使用直白的话语讲解，学生不容易理解新的音乐知识或者对音乐知识理解得较慢，而当运用以情境为内容的音乐教学方法时，学生就容易理解新的音乐知识或者理解得比较透彻。

情境的设立与音乐教学方法的联系是广泛的，在教学中设立各种情境、运用相应的音乐教学方法，音乐教学的效果就会充分显现。当音乐教师设立学生独立提问、发现新知识并自我概括的情境来开展音乐教学时，应用探索的方法来授课则不失为一个最佳的选择；当音乐教师以音乐作品的发展历史为学习内容组织音乐教学时，可以设立学生生活经验、音乐体验、成长变化的情境来开展音乐教学，使用再现的方法授课；当音乐教师以表现音乐作品的人物内心世界、启迪人们心灵、展示作品精神为学习内容组织音乐教学时，可以设立学生参与表演、模拟情节的情境来开展音乐教学,采用激励的方法授课。

需要强调的是,在现在高中音乐教学中,一定要把握好学生的情绪因素,这是教师选择音乐教学方法时非常重要的因素。上述各种音乐教学方法的选择,实际上都与学生的情绪有关,这就是音乐作品的感染力,这种感染力从学生对音乐作品的视觉、听觉和感觉中反映出来。因此,音乐教学方法的选择要建立在把握学生情绪的基础上。在音乐教学中广泛利用激发的方法,它是用来对学生的动机进行有目的的影响的一种方法,有助于创设对音乐心驰神往的气氛。激发法的显著特点是:它可以用来影响学生的情绪方面,这是受音乐本身的作用所制约的。教师用语及其他方式和手段则可以补充促进这种效应。它们都能够直接影响到学生的动机,影响到学生对音乐的态度,以及对音乐课的兴趣。情绪色彩浓厚的形象能直接作用于学生个人的内心深处,作用于他们受情绪感染的表象、判断、评价,甚至伦理观点等方面。

(三)音乐教学方法在音乐教学检查中的使用

在音乐教学中,音乐教学检查是音乐教学过程中的重要组成部分,担负着测评音乐教学质量的任务。通过对音乐教学质量的测评,教师可以在音乐教学中了解学生音乐发展方面的个别特征情况,了解其学习内容的掌握情况。高中音乐教学的检查有着较高的要求,因为高中生随着音乐知识、音乐技能技巧的不断掌握和提高,已经具备了在意识上独立分析、判断、概括的能力,这在一定程度上超出小学生和初中生具备的音乐认知能力,也为教师开展音乐教学检查提供了可能,因此检查就变得非常重要。而且音乐教学的检查不仅可以了解学生是否达到掌握学习音乐知识的要求,还可以检查教师的教学质量,从而不断改进教师的音乐教学方法。

音乐教师对学生的教学检查是很广泛的,大致分为检查和自我检查,但检查的具体方式是多种多样的,如答卷式的检查。音乐教师可以将所授音乐知识编成试题,以做作业或考试的方式来检查学生的学习情况;可以进行直接提问式的检查,音乐教师可以在课堂上随机向学生提问题,以学生现场作答的方式来检查学生的学习情况；可以进行观察式的检查，音乐教师有针对性地安排学生参与集体活动，以实践活动、个人演奏等方式来检查学生的学习情况。实际教学中的检查方式远不止这些，教师可以针对具体的教学情况，有序、合理地安排各种检查。但是，切不可忽视学生的自我检查，因为学生的自我检查能反映学生学习和认知状况，通过自我检查发现问题是一种自我完善的表现，它能促进学生在自我认识、自我反馈、自我修正中成长与发展。

需要注意的是，音乐教学中的检查有其特有的手段，这一手段就是通过组织学生乐器演奏活动，查看学生运用学到的音乐知识完成演出的表现，让学生既能体验到演出是一种用舞台作纸、乐器作笔、旋律作墨的活动，又能从音乐教学效果上检查学生演奏技巧的形成和关键性音乐知识的掌握情况，在音乐艺术的特性演绎中实施音乐教学方法，是值得教师不断学习和深入探索的问题。

五、多元音乐教学法在高中教育中的创新实施

（一）柯达依音乐教学法在高中教育中的实施

1.柯达依音乐教学法的内容

佐尔坦·柯达依（Zoltán Kodály）是世界闻名的匈牙利音乐家，其所创造的柯达依音乐教学法为后世音乐教育的发展带来了深远的影响，其内容包括以下几个方面。

（1）音乐教育的基础——歌唱

柯达依音乐教学法以歌唱作为音乐教育的基础手段，用歌唱来普及音乐教育的思想。在柯达依的音乐教育体系中极力倡导将歌唱作为主要的教学方式，提出采用优秀音乐作品作为歌唱教材可以提高学生的音乐审美鉴赏力。柯达依尤其重视教学中的无伴奏合唱，他认为合唱教学中应让学生在无伴奏的情况下练习合唱，能够培养学生对音阶、音准的听辨能力，增强学生的音乐感知力。在未熟悉合唱时，一般不采用钢琴进行伴奏，要求在合唱熟练之后，才开始进行有伴奏的合唱训练。

(2)系统的音乐读写、听觉、视唱训练

学生的音乐读写能力与视听能力的培养是音乐教学体系中重要的组成部分，需要在教学活动中激发学生对于音乐的探索与兴趣。所以，学校应积极开展一些相关活动，使学生能够接触到更多的优秀作品，从而积极投入音乐的实践体验当中。此外，不能将音乐理论的学习刻板化和单一化，应该将实践与理论结合在一起，用音乐去实践、思考，提升学生的创造能力。

(3)多种教学手段并用

柯达依在吸收前人及国外音乐理论的基础上，创造了由柯尔文手势、字母标记、首调唱名法、节奏唱名组成的柯达依音乐教学法。这四个方面被称为柯达依音乐教学法的教学工具，在他的音乐教学中被有针对性地使用。

(4)加大对音乐教材的建设力度

柯达依音乐教学法认为学校音乐教育的教材必须是民间音乐、著名作曲家的优秀作品等有价值的乐曲和歌曲，因此十分重视音乐教材的建设。柯达依在自己搜集的民间素材的基础上，进行了针对不同水平学习者的音乐教材的编撰，并结合古典音乐各个时期的风格特征编写教材，有目的地引导匈牙利民间音乐走向世界音乐之林。

2. 柯达依手势教学法在视唱练耳教学中的实施

柯达依手势教学法是柯达依音乐教学法中重要的组成部分。其在音乐教学中的应用提高了音乐课堂教学的效率。手势教学法应用于视唱练耳教学主要表现在两个方面：第一，视觉辅助。教师在教学实践中应为学生创设良好的课堂情境，并按照手势高低位置的不同对七个基本音级进行预示，在学生跟随音乐逐渐加快记识速度的过程中，学生的听辨能力得到了提高，对音高概念的理解得到了加深。第二，二声部训练。以手势教学取代了传统的教学方式，将学生分成两组，运用手势向学生预示音名，以此来进行二声部的练习。这样的教学过程能够激发学生的团结意识，有利于学生的心理成长[①]。

---

① 成雯. 柯达伊教学法与音乐素质的培养[J]. 四川戏剧, 2015(05): 139-141.

3. 柯达依节奏听记法在视唱练耳教学中的实施

一些学生的音乐基本功可能尚未熟练，甚至有些学生已经落后于课堂知识的步伐，难以消化教师在课堂上传授的理论知识。他们对于乐谱的识记及节奏的掌握都存在许多的问题，导致唱谱出现错误，与原唱产生明显的差别。所以，教师要对学生进行针对性的训练，加强训练学生的节奏和音乐感知力。在面对学习效率较低的学生时，要从基础的节奏音节开始进行练习。

音乐与生活的关系密不可分，二者进行有机的结合能够降低学生的音乐理解难度，帮助学生进一步感知音乐。音乐教学应注重对学生读写能力及视听能力的培养，只有具有良好的视听与读写能力才能对音乐作品有更深层次的理解，才能完美地呈现音乐作品中包含的情感。所以，在音乐教学实践当中，教师要提倡学生进行柯达依节奏听记法的训练，加强识记效果。

4. 柯达依首调唱名法在视唱练耳教学中的实施

视唱练耳是每一个学习音乐的学生都要经历的必修课，是进行后续音乐学习的基础。但由于教学方法不合理、无法科学高效地对学生进行基础训练等问题，这项教学内容的教学效果普遍不高。在视唱练耳的教学实践中运用首调唱名法进行练习，在练习的过程中教师要合理应用首调唱名法，令学生在已建立的音乐知识基础上进行循序渐进的练习，才能有效地使学生掌握乐谱。

音乐教材大都按照乐谱的难易程度来进行排版，这在一定程度上导致教师在选择乐谱时过于挑剔，或者经常选择程度极浅的乐谱作品在教学中敷衍了事。这会导致学生在教学过程中得不到合适的、有效的音乐训练，使学生的认知产生偏差。教师应按照正常的教学规律来进行音乐教学。

（二）奥尔夫音乐教学法在高中音乐教学中的实施

1. 奥尔夫音乐教学法的内容

奥尔夫音乐教学体系的教学内容主要包含嗓音造型、动作造型和声音造型三个方面，教学组织形式分为集体教学和综合教学。集体教学以创造交流、分享审美经验的机会和合作为主要目的，综合教学以创造完整、全面的综合性审美体验为最终目标，二者有根本上的不同。

奥尔夫的教育理念认为，节奏诗朗诵的活动是最能够发挥天性的教学内容，这也是奥尔夫音乐教育体系中最令人称道的地方。在奥尔夫音乐教育体系中，打击乐器存在无音高和有音高之分，它们都可以进行简单或复杂的演奏。奥尔夫音乐教学法强调音乐学习的过程，包括探索、模仿、即兴、创造四个阶段，即兴的创作活动是学生在音乐、动作、舞蹈、语言元素性、综合性教学活动体验过程中所获得的创造性思维活动的表现。

动作造型被认为是奥尔夫音乐教学法进行音乐教学至关重要的组成部分。其中的节奏律动及舞蹈等在后期加入教学内容当中，作为教学的一部分来实施。教学内容中的声势活动是一种用简单的身体活动来发出各种节奏声音的活动。奥尔夫音乐教学法把这种活动叫作演奏身体乐器的活动，人们通过不同的身体动作来发出各种不同的声音和音色，引导人们对音高、音色之间的差异进行感知和探索。

2. 奥尔夫音乐教学法与音乐教育的融合

奥尔夫音乐教学法具有互动性强、适用范围广的特点，能够提高学生学习、探索音乐的兴趣，有效地拉近教师与学生之间的距离，在教学实践过程中，带给教师和学生独特、丰富的音乐体验，为课堂注入活力，有利于学生的全面健康发展，并对培养音乐人才产生了深远的影响。奥尔夫音乐教学法应用于音乐教学主要有以下几方面表现。

（1）奥尔夫音乐教学法在音乐公共课中的实施

第一，奥尔夫音乐教学法在音乐公共课中的运用能够激发学生进行自主学习的积极性。教师在音乐教学过程中对学生进行引导、辅助，使学生能够跟随音乐进行即兴表演，同时也可以进行音乐的二次创作，激发学生的创作兴趣，提高学生的创新性和创造力。第二，在音乐公共课中运用奥尔夫音乐教学法，加快了学生消化课堂知识的速度。在音乐教学中，奥尔夫音乐教学法的运用很大程度上解决了非专业学生在接受课程内容时理解困难的问题，在学习的初级阶段对课程内容中的音乐、节奏进行重新编排，使学生能够容易接受，随着课堂内容的深入，可以在此基础上增加乐器。通过这个教学过程，学生可以循序渐进地接受课堂中的知识，加深了学生对音乐理论的理解，增强了学生学习音乐的兴趣。

（2）奥尔夫音乐教学法在钢琴集体课中的实施

听力训练是钢琴教学的重点和难点。奥尔夫音乐教学法通过对学生进行大量听力训练来加强和提高学生的听力能力。在音乐教学过程中，主要依靠听力训练材料进行听觉练习，并在此基础上加入打击乐，以此增强学生的听觉感知力。在钢琴教学实践中，奥尔夫音乐教学法中的打击乐器配合节奏训练，能够有效提高学生探索音乐的积极性，进而提高学生的音乐创造力。

（三）达尔克罗兹教学法在高中音乐教学中的实施

1. 达尔克罗兹教学法的内容

达尔克罗兹教学法主要以培养学生的音乐感知力和音乐反应能力为目的。达尔克罗兹教学法由视唱练耳、体态律动、即兴创作三个部分组成。这三个部分相互独立，具有各自的教学体系。经过不断的实践发现，通过对身体的针对训练可以增强肢体的音乐感受，最终实现音乐的完美呈现。

（1）视唱练耳

达尔克罗兹教学法中的视唱练耳是教学过程中的重点和难点。视唱练耳的训练能够帮助学生明确音高概念，加强学生对音乐的听觉和记忆能力。在视唱练耳的教学过程中，运用固定唱名法来进行音阶、音程、调式等音乐理论的巩固训练，以此来培养学生的音乐感知能力。达尔克罗兹教学法主要通过体态律动的方式进行教学，使学生在音乐的节奏律动中用肢体感受表现音乐，肢体动作便成为连接音响和音乐符号的纽带。这种教学方式巧妙地将感性的音乐与理性的音乐理论知识结合在一起，从而达到增强学生音乐感知的教学目的。达尔克罗兹教学法通过训练学生歌唱来培养学生的视听能力，使学生在演唱音乐的过程中感受音乐的节奏、情绪、曲式、调性等。

（2）体态律动

体态律动是学生在欣赏音乐时用肢体感受音乐，并随着音乐的节奏、情绪变化而进行肢体运动的一种训练方式。达尔克罗兹教学法中的律动训练一般是简易的训练。体态律动又被划分为位置运动和空间运动两种。位置运动是具有固定点的人体动作；空间运动是指与固定地点脱离的移位活动。通过这两种活动的训练，可以使学生感受音乐的节奏、韵律、情绪等的变化，培养学生用动作表现音乐的节奏、情绪。达尔克罗兹教学法的节奏训练涵盖节拍、时值、对位、曲式、赋格等多种基本形式。

（3）即兴创作

即兴创作是指在教学实践中，以教学活动的方式运用各种乐器进行即兴创作的一种教学模式。这种教学模式激发了学生学习音乐的积极性，充分活跃了课堂气氛，使学生与教师在愉悦的课堂氛围中进行音乐的探索。在教学过程中，教师要充分调动学生的肢体，通过一些肢体动作来感知音乐的节奏等音乐要素。达尔克罗兹教学法把学生的身体比作一个管弦乐队。身体各部分在长期的训练下可以和谐地配合，并且可以根据音乐对肢体的表达方式进行选择。这种训练方法可以加强学生的身体控制力与协调性，加快学生肢体的反应速度。

达尔克罗兹教学法中的体态律动学一改传统的音乐教学模式，使音乐教育成为一种富有活力的教学过程。它改变了以往只在书面上认知音乐的方式，通过学生的肢体运动来感知、了解音乐，使学生能够以感性的角度来理解音乐，培养学生的节奏、乐感，促进音乐教育的改革。

2.达尔克罗兹教学法在合唱指挥教学中的实施

在进行音乐指挥工作时，要在设计指挥动作之前进行前期的读谱准备工作，对音乐作品的曲式、调性等音乐要素进行分析，才能准确把握音乐作品的内容及情绪。学生在学习指挥法时也可以采取同样的步骤与方法。但对于部分音乐作品中的力度、速度等细节，还是会出现指挥图示脱离音乐情绪表现的问题。

达尔克罗兹教学法认为，指挥与音乐情绪的脱节主要是由于没有处理好内心听觉与指挥动作的转换，没有把音乐的情绪转换为肌肉感觉并准确地表现出来。所以，仅依靠指挥图示的大小、位置变化是不能够解决这个问题的。因此，在指挥教学的过程中要有意识地培养、加强学生的运动感觉，结合音乐的节奏律动来体会作品中的情绪变化与肢体动作之间的联系，从而使二者

第三章 高中音乐教育教学方法实施

在指挥时得到更好的结合与转换，将作品中所包含的情绪与内容进行更好的传达，达到作曲家的要求。

（1）肌肉反应与肢体动作设计

在欣赏音乐作品的过程中，学生对音乐作品会有一个初步的了解与反映，音乐作品力度的强弱不同，学生的肌肉反应也是有区别的，力度强则肌肉紧张，力度弱则肌肉放松。这些动作反应大都是细微的、易忽略的，学生要在此基础上进行动作的延伸来表现他们的音乐感觉。例如，在一个舒缓优美的音乐片段中，学生可以放松肌肉状态，用双手画圆的肢体动作来表达音乐作品中的情绪。长期进行训练会加强学生对于音乐刺激的反应速度，为后期演奏、演唱或指挥具体的音乐作品奠定坚实的基础。

（2）肢体动作与指挥图示有机结合

将设计好的肢体动作与指挥图示进行有机结合，就要求在保持设计动作特点的基础上，遵循指挥击拍图示的原则，在配合的过程中对之前设计好的肢体动作运用指挥图示进行提炼，并找出二者的共性，再进行有机的融合。表现在作品中就是当力度减弱时，肌肉呈放松状态，指挥图示跟随肌肉的放松而逐渐缩小或下移来表示音乐音量的减弱；当音乐作品速度加快时，肌肉呈紧张状态，指挥也随之变得顿挫有力，这种肢体感觉有利于将击拍图示转换为具有跳跃感的挥拍，符合音乐作品的力度与速度的要求。这种方式能够轻松将观众代入音乐当中，引起观众的情感共鸣，一定程度上解决指挥击拍动作刻板、拘谨的问题。

指挥的挥拍动作在音乐的演奏中起着预示等多种不同的作用，在音乐作品的演奏过程中，要通过挥拍动作将音乐的内容及情绪完美地呈现出来。在这一点上与达尔克罗兹教学法中的体态律动观念有许多共通之处，都是强调肢体律动与音乐内容的结合。达尔克罗兹教学法中的体态律动理念是通过对听觉的长期训练，以激发内心对于音乐的感觉感知，让肢体为音乐服务。将这一理念融合于指挥教学法中，有助于学生在指挥音乐作品时表达情感，使学生体会到音乐带来的触动。

第三节　高中音乐教育教学方法运用

研究高中音乐教育教学方法，其最终的目的是要将学习到的理论和研究方法运用到实际教学中，以期提高音乐教学效果，达到音乐教学大纲所设立的音乐教学目的，真正让学生受益。高中音乐教学方法的实践主要有两个途径，即音乐教学课堂实践和音乐教学课外活动实践，其中以音乐教学课堂实践为主，以音乐教学课外活动为补充。

一、精心设计音乐教学的综合课

在高中音乐教学中，普遍采用的课型是综合课。综合课是指在一节课中采用多种教学方法，完成教学中各环节设定的相应教学目标任务的音乐课。例如，在一节音乐课中，要进行欣赏音乐作品、认知音乐常识、歌唱、讨论、音乐创意等教学内容，对应地就会有不同的教学目标。对以上内容进行精心设计和合理安排，使学生在感受"新"和"兴趣"的过程中愉快地度过一节音乐课。

精心设计课堂结构是优化中学音乐综合课的关键。音乐课的结构通常包括组织教学、导入新课、学习新课、分析讨论、技能练习、复习巩固、概括总结等方面。但音乐综合课的结构不是固定不变的，教师要注意在教学内容搭配、教学环节安排、教学时间分配、教学重点处理、教学方法运用等方面进行创造性的、灵活的安排，使每节课都有所创新。

（一）综合课的组织教学

教师要在教学中创设情境，采取多种方法组织教学，激发学生的情绪和兴趣，促使学生在课堂上始终保持良好的情绪和愉悦的心情。在组织教学时，要在形式上给学生新奇感，可以以名人或作者的趣闻轶事开头。

（二）合理安排教学过程

音乐教学过程是由教师的教和学生的学组成的双边活动，是教学内容和教学手段在双边活动的客观依据和物质保证，是圆满实现音乐教学目标的关键。

1. 设计好教学程序

在唱歌综合课中，大致的程序有：①组织教学；②综合训练（包括发声、视唱、练耳、节奏等）；③导入新课；④示范演唱；⑤歌词讲读；⑥指导读谱；⑦填唱歌词；⑧歌曲演唱与艺术处理；⑨联系实际，开阔视野；⑩课堂小结。当然，这些环节并非每节课都要开展，可以根据实际需要做适当调整。在设计教学过程中，特别要注重"联系实际，开阔视野"这一环节。

2. 优选教学方法

优选教学方法，主要依据学生的实际状况，如音乐素质较好的学生，在学习音乐理论知识时可采用提示难点法、比较法；一般的学生可以采用提示法、情境创意法。

（三）综合课的动静结合

优质的音乐课应当动中有静、静中有动，能在愉悦中施教。教师要善于将作品本身所蕴含的教育内涵用恰当的教学方法给予展现；善于营造良好的教学氛围，促进学生积极参与、创新思维；善于用现代化的多媒体教学，选择恰当的片段让学生欣赏，使学生在获得直观而清晰的音乐形象的同时，产生丰富的创新意识。

一节优秀的中学音乐综合课，从课的精心设计到课的合理安排，无不渗透着教师的独创性和个人风格，而这些独创性和个人风格体现了教师本人的教学艺术。教学艺术的实质是教师将教学规律与创造力、审美价值相结合，并在教学中充分体现。因此，只有正确运用教学规律，精心设计、合理安排课堂结构，才能优化中学音乐综合课。

二、音乐鉴赏课中学生的主体教学

音乐课程标准要求：学校音乐教育要以审美教育为核心，以学生为主体，以开发学生智力、提高综合能力、促进学生个性心理健康发展的素质教育为目的。音乐教育要彻底改革以音乐为目的的专业音乐教育思想，改变以教师为中心，以单纯知识、技能的传授为主的教学思路。

要在音乐鉴赏课中体现以学生为主体的思想，音乐教学方法的使用是非常重要的。音乐教师在课堂教学中要以学生为主体，构建和谐的课堂气氛，鼓励性地评价学生，突出学生的个性，发挥学生的主体作用，让学生更好地接受审美教育，使音乐鉴赏课更加生动、充满活力，培养学生终身对音乐鉴赏学习的兴趣和实用能力。

外因是变化的条件，内因是变化的根据，外因通过内因而起作用。对于教师设计、构思的教学内容，只有当学生这个主体愿意接受时，才能实现教学目标。相反，如果学生不去接受教师的设计、构思，教师下再大的功夫也是白费心思。因此，为了有效地体现新教改的理念，真正做到以培养学生的审美、创新意识为目标，教师必须在设计、构思及实施课堂教学中，始终体现以学生为主体的原则。

（一）营造和谐气氛，积极进行评价

一种艺术熏陶、美的教育是音乐学科的最大特点。因此，融洽和谐的课堂气氛尤为重要。在音乐鉴赏课中存在一些问题。例如，有的教师为了保证课堂纪律，往往会管得严而死板。学生稍有小声随便讲话或做小动作，教师就会进行批评。这样的课堂教学无法激发学生的创新潜能。

音乐鉴赏课要想体现以学生为主体，关键在于激发学生的创新潜能。教师可以用鼓励和赏识的方式去评价学生，在学生充满自信的基础上促使学生产生新的思路，使新教改理念融入音乐鉴赏教学中。有的教师习惯于同学一定要按教师的答案回答问题才是正确的，否则就会千方百计地启发、诱导学生按老师的思路去回答问题。在音乐鉴赏教学中，音乐只是一种感受，是由感而发的，是非语义性、非具象性的，是没有标准答案的。因此在评价学生

回答的问题时,不应该武断地评价对与错,因为任何人都有权利拥有自己的感受。学生的一些想法与理解不一定很准确,但这毕竟是他们经过思考所产生的想法,如果一味地强调准确性,就会抹杀掉学生的灵感,让他们变得思路闭塞,也就无从谈起发挥学生的主体性了。反之,如果教师根据学生的心理需求营造和谐的课堂气氛,采用积极鼓励的评价方法,肯定学生积极思考的精神,并让学生充分发挥想象力,寻求其他答案,那么学生非但不会消极沮丧,反而会更积极地去感受、思考、拓展自己的思维空间。

(二)体现个性特征,传授技能知识

在音乐鉴赏教学中,不但要培养学生的听觉、感受、表演与创作的能力,还要注重对学生进行基本乐理知识和音乐技能的传授。发挥学生的主体作用,应该成为教育工作者的自觉追求,因为教育的真意就是价值引导与自主构建的统一。只有发挥学生的主体作用,才能让学生更好地接受审美教育,才能培养学生对音乐鉴赏学习的兴趣、愿望和能力;只有发挥学生的主体作用,才能促使学生积极地、乐观地面对生活与人生。

三、民俗音乐传承中的教学方法呈现

音乐教学是极为生动、极富活力的教学,如何提升学生的民俗音乐素养,让他们把民俗音乐作为一种知识来学习,视民俗音乐为生活的一部分,是高中音乐教学的一大课题。为此,音乐教师除了教好教材中的知识内容外,还应该对民俗音乐课进行创新性的构思与设计。音乐课还应增加贴近学生生活实际的民俗音乐文化内容,让学生了解民俗音乐,喜欢民俗音乐,使民俗音乐融入学生的学习生活中。在民俗音乐教学中,先从最基础的本地区民俗音乐开始,让学生应首先了解本地的民俗音乐,引导学生结合生活来学习本地的民俗音乐知识,关注民俗音乐,培养学生尊重民俗音乐文化的情感。

(一)收集民俗音乐

教师课前布置给学生收集民俗音乐资料的任务,下节课的前 5 分钟让同

学尽量通过音乐表演的形式上讲台演讲。收集民俗音乐的过程可以使学生更加了解民俗音乐，喜爱民俗音乐，提高了审美情趣，同时了解到传承本民族的民俗音乐是如此重要的活动。

（二）尝试民俗音乐

在民俗音乐社会生活实践中，学生对民俗音乐的审美能力、人文素养得以提升，为其终身热爱民俗音乐、热爱生活奠定良好的基础。教师有意识地培养学生主动关注丰富多彩的民俗音乐生活并积极参与其中的意识和能力。例如，参与学校、社区、团体、电视台组织的才艺表演或群众性舞台活动；到剧院、广场观看现场民俗音乐演出，与家人、同学、朋友结伴参加具有地方特色的庆典、民俗活动，如元宵节、端午节等。这对于学生开阔视野、丰富学习生活、完善人格、树立积极的人生观都是大有裨益的。

四、音乐教学方法在课外活动中的运用

在高中音乐教育阶段，受课时安排的限制，可利用的课堂时间非常少，在音乐教学任务内容多、难度大的情况下，有效利用好学生的课外活动时间，不失为课堂教学的一种良好补充。因此，教师必须利用好课外活动这种特殊的音乐教学方法，通过开展多种形式的音乐课外活动，让学生可以通过亲身实践，发掘自身的创新意识，培养自身的创新能力。

（一）音乐课外活动的特点

1. 音乐课外活动是音乐教学的重要组成部分

普通高中学习阶段，音乐学科的教学同其他学科一样，是纳入全校的整体教育教学计划中的。音乐教师要制订明确的音乐课外活动计划，安排好课外活动的时间、地点、内容，使音乐课外活动能够正常实施。

2. 有助于音乐教育的普及

制订音乐课外活动计划，要坚持普通高中的音乐教学目标，主要是培养人而不是培养音乐家，高中生的音乐活动以普及为主，要兼顾大多数学生的兴趣，开展普及性的音乐宣传活动。

3. 有助于学生展示个性

高中生不同于初中生，他们的思想意识及观念更加成熟，他们对事物的认识具有较强的主动性、独立性和创造性，不再被动接受教育。因此，要注重培养学生中的积极分子和骨干力量。

（二）音乐课外活动的形式

1. 专题音乐鉴赏讲座

利用课外活动时间，定期开展专题音乐鉴赏讲座活动，是学生身心得到健康发展的良好方式，是音乐教学的一种拓展。讲座可介绍中外音乐家及相关的音乐作品、音乐常识、乐理知识，并开展小指挥和教歌员培训等活动，让学生从中学习到更多的音乐知识，更深刻地感悟音乐艺术美的内涵，提高学生对音乐的鉴赏水平。

2. 成立学校合唱队

成立合唱队是学生学会合作、树立团队意识的重要方式。合唱队以男女生混声合唱为主，合唱队员一般定在30～80人。组织歌咏比赛，也可采用独唱、小合唱等表演形式。

3. 成立学校乐队

校乐队一般常见的有管弦乐队、民乐队、铜管乐队等，乐队规模的大小根据校情而定。在组建乐队时，尽量使乐队构成合理，使乐队的声部结构尽可能完备，音响基本平衡，各种乐器音色相互融合、对比丰富。乐队可每周一次用课外活动的时间进行排练，通过对乐队队员的视奏、音准、节奏感和合奏能力等多方面的培养，最终能熟练完整地进行演奏。同时，也可组织器乐比赛来提高队员能力。

4. 组织开展文艺活动

学校可利用课外活动时间多组织文艺活动，这些活动最好能综合音乐、美术、文学、舞蹈等各学科，这样既能展现学生个性，又能培养学生的文艺天赋，从而完善学生的人格教育。

（三）音乐课外活动的要求

课外活动是课堂教学的补充，在实际教学中要合理分配两者的时间，课堂教学不能回避课外活动，课外活动也不能取代课堂教学。有的教师认为音乐课堂教学要求高，在备课中需要做大量的准备工作，但音乐教学效果却不理想，因此选择大量音乐课外活动，认为音乐课外活动要求不高、随意性大、好组织。还有的教师认为音乐课堂教学虽然要求高，但因为是正课时间，学生从思想上比较重视，易于管理学生，因此不重视课外音乐活动的开展，甚至很少组织音乐课外活动。这两种做法均是不正确的，教师必须认识到课外活动与课堂教学之间的关系，合理搭配、合理补充。另外需要注意的是，组织音乐课外活动的时间不宜太长，一般控制在 1 小时以内，内容要丰富多彩，尽可能使每一位同学都参与到活动中来。

五、音乐鉴赏课中的情境法教学运用

音乐鉴赏课的情境法教学应以素质个性化的培养目标为导向，以开放性的课程体系为切入点，以激励性评价、集体的合作学习为动力，构建"自主、合作、创造"的音乐鉴赏课。

（一）自主性学习情境创设

自主性学习是指在教学过程中引导和激励学生的自觉意识，使学生乐学、会学，从而发展个性品质。

激发兴趣，调动学生的参与意识，使学生乐学。例如，在鉴赏《一杯美酒》这节课时，首先选两首学生较喜欢的歌曲——《爱我中华》《吐鲁番的葡萄熟了》，让学生感受音乐对自己心理活动的影响；其次，选三个不同的乐曲让学生感受内在的情绪的变化，从而暗示学生去感知音乐的非语义性和非具象性；再次，导入本节课的重点——如果音乐不能明确告诉人们音乐表现的内容，那么音乐的魅力何在。答案是：音乐的魅力就是音乐不能明确告诉人们其表现的内容。这节课通过音乐鉴赏，使学生的学习热情高涨，兴趣大增，选用的音乐作品又是学生喜欢的、听得懂的，这样学生自然乐学。

培养自主学习的能力，让学生会学。学生可以用音乐要素对作品边听边分析、体验，感知音乐作品的艺术形象，接受潜移默化的艺术感染，培养学生参与鉴赏音乐的能力。

（二）合作性学习情境创设

合作性学习是指在教学中建立平等、合作的师生关系，建构师生合作教学，使学生在合作学习的活动中，学会参与、学会关心、学会竞争。

1. 营造合作学习的课堂气氛

在音乐鉴赏课中，最好建立课堂学习小组，运用较多的小组讨论和创作表演形式，恰到好处地发挥学生的创造力和想象力。在教学过程中，教师不能只关注答案是否正确，而是要引导学生去理解、去讨论、去发表自己的观点。在创作表演的过程中，教师要积极地引导学生参与到创作活动中去，凡是符合角色形象的表演都给予充分的肯定，对一些能力比较差的同学要加倍呵护和鼓励。因此，创设合作性学习的教学情境，不仅培养了学生的主动性，也锻炼了大家的创造能力，使学生真正成为学习的主人。

2. 营造创造性学习的环境

创造性学习是指在教学中创造活跃、民主的课堂气氛，鼓励学生多想、多问、多做的教学模式。教学中，既要注重发展学生的想象力，又要注重给予正确的启发诱导，使学生的创造性思维能力得到发展和提高。当学生通过听觉、视觉、想象、联想，对所鉴赏的作品有了一定程度的理解后，可让学生动手、动口、动脚，继续提高音乐鉴赏能力。

（三）激励性学习情境创设

1. 用现代音乐构建音乐鉴赏的"桥梁"

目前，学生对音乐的喜爱是多元化的，仅仅局限于教材内容授课既不能激发学生的学习兴趣，又不能满足学生的求知需求，由此教师必须拓展自己的专业知识，在学生之前多涉猎与时代同步、与学生同步的教学资源，在完成教材中要求的鉴赏内容的同时，穿插介绍一些与之相关的新颖的音乐资料或音乐信息，拉近音乐与学生之间的距离，使学生产生探求音乐的兴趣基础。

教师将这些现代的音乐内容和教材内容有机地结合在一起进行授课，能使学生增加对音乐鉴赏课的兴趣，让学生有兴趣、有动力投入音乐，充分发展学生的创造力和想象力，在增强学生自信的同时，建立师生间、学生间的信任，这种教学方式既活跃了课堂气氛，又加强了教学效果，使教学成为使者，使内容作为桥梁，使教师与学生、课堂与教学形成有机整体。

2. 学会引导学生走进音乐鉴赏

采用多种音乐体裁引导学生进行音乐鉴赏，是提高学生审美能力的纽带。流行音乐的节奏和内容符合高中生生理和心理发展的特点，学生爱看、爱听、爱唱的同时，也迫切希望知道怎样才能将流行歌曲唱得好听、如何提高自己的演唱水平、如何在发声方法与技巧方面得到老师的指导等。教师在讲流行音乐时，要在课堂实践讨论活动中多留给学生一些时间，让学生学唱、讨论、评价一些健康向上的流行歌曲。

（四）兴趣性学习情境创设

1. 通过多种有效途径激发学生学习兴趣

遵循听觉艺术的感知规律是激发学生学习兴趣的重要手段之一。音乐是听觉艺术，听觉体验是学习音乐的基础。在教学中，要注重发挥音乐这一特有魅力，吸引学生参与到音乐鉴赏中来。利用多媒体教学创设教学意境，既是学生较为喜欢的一种方式，又有助于表现音乐的听觉体验，课件要力求巧妙完善、美观艺术，能起到引领学生提高音乐鉴赏能力的作用。

2. 培养学生自信，让学生享受成功的快乐

现代教育理念认为，一个人在校的学习方式必然会与他明天的生存方式保持某种内在的一致性，而培养自信正是这种一致性的切入点之一。因此，在教学活动中，教师应该努力创设情境，为学生培养自信、享受成功的快乐搭建平台。

六、高中昆曲教学中多媒体的运用

戏曲作为中华民族的瑰宝和重要的文化遗产正日益受到国家的扶持和社

会的重视。2006年开始，江苏省高中音乐新课标将"音乐与戏剧表演"等六个模块纳入高中音乐教材，这一重大举措既是保护传统戏曲、弘扬传统文化的必然要求，同时也对高中音乐教学提出了新的更高的要求。如何教好包括昆曲在内的戏曲课，也就成为高中音乐教学的新命题和高中音乐教师的新课题。

然而，由于戏曲教学的特殊性，教学难度远远超过其他内容。从教材内容看，戏曲教学尚欠传统和规范，缺乏支撑体系，初始教学时往往不知从何着手，如何操作。从教师角度看，要教好戏曲课，最好教师也要喜欢、熟悉教材教授的戏曲，至少会唱一些，但事实上具备这一条件的教师比例还比较小，这样的教学也难以让学生产生兴趣和共鸣。从学生角度看，绝大多数学生对昆曲等戏曲都很陌生，心理距离比较大，这无疑会影响教师的教学信心和效果。

2007年开始，昆山中学开设了以昆曲为主的戏曲课程，对昆曲等戏曲教学的内容、方法、路径和技巧，以及小班化的教学方式等进行了一些探索，并逐步扩大了对这类课程的教学规律的认识。近年来，从围绕《走近昆曲》《但是相思莫相负，牡丹亭上三生路》《原来姹紫嫣红开遍》《春香闹学》《越剧艺术的魅力》《学唱尺调腔》等的课堂教学中可以感觉到，文字、图片、音频和视频的有效组合，加之巧妙运用多媒体技术整合戏曲资源，有利于戏曲课的教学。

下面以课堂教学呈现为基础，对戏曲教学如何运用多媒体技术开展教学进行探讨。

第一，贵在激发兴趣，用好多媒体，高效导入教学。在学生的兴趣点上着力，将会达到意想不到的好效果，一个良好的课堂导入，将是成功开启全课程的金钥匙。由于学生对昆曲等戏曲教材相对陌生，如果再缺乏有效的导入手段，那么学生一定很难进入情境，从而影响教学效果。因此，教师可以在课堂上播放视频等，通过多媒体营造良好的课堂气氛。

第二，整合关键信息，用好多媒体，提升教学容量。在《走近昆曲》的教学中，主要围绕三条线索展开：一是昆曲的历史地位、人文内涵和艺术价值；二是昆曲发展的三个重要阶段——昆腔、昆曲、昆剧；三是将汤显祖的代表作《牡丹亭》（青春版）作为主要素材来源，以该剧第二出"闺塾"为本课的切入点，以该剧第三出"惊梦"的教唱为主要教学内容，在了解昆曲语言语音特征、学念昆曲韵白的基础上，学唱片段，引导学生体味昆曲之美。这三条线索也正是本堂课的三个具体教学目标，尽管这样的教学目标和教学内容要求多、容量大、难度高，操作起来颇为不易，但对于第一堂昆曲课来说，这三个方面对学生认识昆曲都很有帮助，缺了哪个方面都会不完整，影响整体教学效果。

那么如何解决课时有限与课时容量大这一矛盾，如何将大量重要、关键、权威的信息在最短时间内呈现，吸引学生的注意，从而展开有效、有趣的学习呢？笔者首先将与本课教学目标有关的、对学生学习有帮助的、庞大的教学资料，包括昆曲的起源、发展，昆曲发展过程中的重要人物，昆曲在世界上的影响及地位等进行全方位的收集、筛选，再经过梳理、概括、提炼，一一列出要点，为课件做准备；其次，根据不同教学环节的需要，选择相应的教学内容，构思、设计出恰当的图片；再次，从教学内容、教学目标、师生实际情况、课件可操作性、艺术效果等进行全面的考虑，合理布局，组合制作成完整的课件分别适时地镶嵌在各教学环节之中，配合、补充教师的课堂讲解，起到提纲挈领、举重若轻的作用。

第三，形象胜于语言，用好多媒体，展示昆曲元素。昆曲中有许多常识，如水袖、脸谱、角色（生、旦、净、末、丑）、著名昆剧演员、经典剧目等，在教学中也需要顾及这些常识，但又不能用时过多、篇幅太长。此时，多媒体技术又大有用武之地。就水袖、脸谱、角色等昆曲常识，教师可以收集许多有代表性的图片，穿插在昆曲课件中。每讲到一个常识，先用多媒体展示其图片，而后提问。在师生的一问一答之间，在视听交替之间，有关这个常识的形象也就进入学生的脑海里了。虽是蜻蜓点水，却也一目了然，过目难忘，可谓形象胜于语言。

第四，注重完整性，用好多媒体，善解昆曲魅力。"唱念做打，歌舞合一"是昆曲表演艺术的重要特征。在昆曲课上，讲解昆曲发展史、传授昆曲常识、欣赏昆区和学唱等，都是重要的教学环节和不可或缺的教学内容，但重中之重是将这些看似可独立的知识点与环节融会贯通、合零为整地全面运用到领略昆曲艺术特点与昆曲之美的过程中。昆曲贵在聆听、观赏、体味，在聆听、观赏中体味，在体味中提升，而这些在大多数中学音乐教师自身唱曲水平有限的情况下，可以通过昆曲经典片段的演示来实现，这就又必须要运用多媒体。

也许对于大多数教师而言，多媒体技术手段是一件提升教学效果的利器。而对音乐教师来说，多媒体更是良师益友，勤用、善用、巧用多媒体技术手段，将会受益匪浅。

第四节　高中音乐教育教学方法训练

下面以昆曲为例，对音乐教育教学方法的训练进行具体的探讨。昆曲，原名"昆山腔"或简称"昆腔"，是中国古老的戏曲声腔、剧种，是中国优秀传统文化的瑰宝，值得广大师生大力传承与发展。在高中音乐教学中，要充分利用学校位于昆曲发源地的乡土优势，紧扣课标，挖掘、开发昆曲资源，编著昆曲校本教材，凝练合适的教学方法，让学生了解昆曲、热爱昆曲、传唱昆曲，取得良好的教学效果。高中昆曲教育教学方法具体如下。

第一，将钢琴引入高中昆曲课堂教学。音乐手段本身很丰富，取之不尽、用之不竭，如何巧妙运用、合理运用是关键。高中昆曲教学应善用音乐元素和音乐手段来辅助教学，从而降低难度，达到效果。运用钢琴来弹奏昆曲或为昆曲伴奏，是音乐老师教唱昆曲的有效手段。一方面，钢琴用于昆曲课堂教学，能够帮助师生解决学唱昆曲时遇到的音准难题；另一方面，钢琴用于昆曲课堂教学，可以在学生演唱昆曲时进行伴奏。

第二，借用汉语知识辅助学习昆曲发音。昆曲唱腔发声丰富复杂、灵活多变，学生对此很陌生，如果不借用一些汉语常规知识加以辅助教学，那么教和学两者之间较难达成良好的交流，尤其是在课堂上的多数学生没有昆曲基础，就更难唤起他们学习的兴趣和共鸣。在教学时，教师可以借助学生已储备的汉语知识来助学。例如，《牡丹亭·皂罗袍》部分第一句"原来姹紫嫣红开遍"的第一个字"原"的发音，不同的演员有不同的唱法，借用汉语知识来归纳，大致有四种，即现代汉语普通话发音、昆山方言发音、普通话的声母加方言的韵母、方言的声母加普通话的韵母。在教学时，教师如果不善于借鉴归类，学生则很容易陷入云里雾里的情况；反之，学生学习起来会轻松有趣，并且印象深刻。

第四章　高中音乐教育教学体系构建

第一节　高中音乐教学体系与设计评价

一、高中音乐教学体系分析

（一）高中音乐教学理念

音乐教学的开展必须以一定的理念为指导。具体而言，对高中音乐教学有指导意义的理念主要包括以下五个方面。

1. 音乐审美为核心

音乐审美是人的素质构成中不可或缺的一部分。音乐审美教学有助于陶冶学生的情感。音乐是一门情感艺术，不仅能够对人们的情感进行调节，还能够帮助人们形成积极的情感。在音乐教学中凸显音乐审美教学，主要目的在于通过音乐来影响学生的情感世界，引导学生在音乐教学中获得积极的情感体验，并通过对音乐表现形式和情感内涵的把握，使自己的音乐感受力得到提高，激发学习音乐的兴趣，引导学生能够伴随着音乐情感而不断变化自己的感情。

高中音乐审美教学的意义主要包括三个方面：第一，音乐审美教学能够促进学生智力的发展。音乐作为一门学科，蕴含着丰富的理论知识与操作技能，而且本身有着很强的科学性和系统性。第二，音乐审美教学有助于学生身心的健康发展。人在处于疲劳、情绪不佳等状态时，通过聆听舒缓的、轻松活泼的、优美悦耳的音乐，可以使身心得到调节，继而产生积极的情绪，促进身心的健康发展。第三，音乐审美教学有助于学生进一步深化自己的认识。人们借助于美育这一教育活动，能够以自己的特殊方式从审美角度对自然和社会进行认知，并形成一定的审美认知成果。

音乐审美教学要遵循一定的原则，主要包括：第一，情感性原则。在开展音乐审美教学时，必须要注意激发学生的积极情感，使学生获得良好的情感体验。第二，愉悦性原则。在开展音乐审美教学时，愉悦性原则也是必须要遵循的一个重要原则，在愉悦的教学氛围中才能获得更好的教学体验和教学效果。第三，体验性原则。不论是进行音乐创作，还是进行音乐欣赏，都与个人参与和个人经验有着密切的关系，因此音乐是一种注重体验的艺术。在开展音乐教学时，音乐教师应启发并指导学生积极参与到音乐体验之中。第四，形象性原则。在开展音乐审美教学时，形象性原则也是必须要遵循的一个重要原则，其有助于学生产生学习的兴趣，并积极主动地参与到学习之中。

2. 培养音乐的兴趣

高中生是否有良好的音乐学习动机、是否将音乐作为自己人生中的一个重要组成部分，在很大程度上取决于学生是否对音乐学习有着浓厚的兴趣。换言之，学生只有对音乐感兴趣，才能积极参与到音乐学习之中。为此，教师在开展音乐教学活动时，必须注意教学内容的丰富性、教学形式的灵活性，并要确保各项教学活动、教学内容、教学形式等都与学生的身心发展特点相符合。

所谓音乐兴趣，就是人在积极地探究音乐时对不同音乐类型产生的倾向。其会引导人们更多地关注他所感兴趣的音乐。教师在开展音乐教学时，必须要关注的一个问题就是如何培养学生的音乐兴趣。就当前而言，可以借助一些有效的途径来培养学生的音乐兴趣。

（1）音乐教师必须要爱护学生的音乐好奇心

好奇心是学生非常宝贵的内部因素，对于学生音乐学习兴趣的养成是非常有益的。音乐教师在对学生的好奇心进行培养与保护时，一个有效的途径是激发学生的想象力。想象是一种异常活跃而大胆的思维活动。人们要想在创意活动中独立构建新形象，就必须要借助想象。音乐这种艺术形式，在时间、空间和物质形式方面都具有广阔的想象空间。因此，让学生积极参与到音乐学习之中，可以有效培养学生的想象力。

（2）音乐教师必须要尊重学生的音乐感受

音乐教师的音乐教学要想取得理想的效果，就必须要认识到学生理解方式的独特特点，让学生自己去感受和表达音乐，切不可用自己的经验代替学生的理解。基于此，音乐教学应给予学生有效的鼓励和指导，并切实尊重学生的音乐感受，以便学生参与到音乐学习之中，产生音乐学习的兴趣。

（3）音乐教师可以借助音乐游戏来提高学生的音乐兴趣

学生的有意注意时间短，因此在音乐教学中采用单一的听和唱的教学形式，是无法取得理想效果的。针对学生的这一特点，组织音乐游戏活动可以提高课堂教学效率。在音乐鉴赏教学中，还可以使用如分段猜测、提问之类的游戏形式来促进学生的音乐形象思维，以便在引发学生音乐学习兴趣的同时，促进学生音乐想象力和联想能力的进一步发展。

（4）音乐教师可以借助音乐比赛来提高学生的音乐兴趣

通过开展音乐比赛和竞赛，可以有效培养学生对音乐的热爱和兴趣。此外，音乐比赛和竞赛还有助于提高学生的音乐表达和鉴赏能力，提升学生的音乐素养。

3. 尊重学生的个性

音乐教学要面向全体学生，但这并不意味着音乐教学就要忽略学生的个性。每一个学生都是一个独特的个体，不仅有权利按照自己的方式来学习音乐，而且要能够按照自己的方法感知音乐。此外，高中生可以根据自己的兴趣来参与音乐活动，并可以通过音乐来表达自己的感情。因此，在开展音乐教学时，必须充分尊重学生的个性，切实做到因材施教，为每一个学生音乐知识的增加、音乐技能的提高和音乐修养的提升提供可能的空间。

在充分尊重高中生个性的基础上开展音乐教学有着十分重要的意义。音乐是一门经验学科，学生要想感受到音乐学习的乐趣，并积累一定的音乐经验，就必须亲自参与到音乐学习之中，并要重视自己的独特音乐感受和音乐情感。因此，音乐教师在开展音乐教学时，必须要认识到每一个学生都是独立的个体，并要注意为学生营造有助于其独特情感感知和表达的课堂环境，激发学生的内在潜能，确保每一个学生都能有所发展。

4. 鼓励音乐的创造

音乐是一种非语义信息。音乐自由性、模糊性和不确定性的特点为人们提供了广阔的空间，使人们可以进行想象和联想，以多样化的方式理解和表达音乐。音乐艺术的创作、表演和欣赏体现了独特的创作意识，并伴随着独特的创作行为。因此，音乐是最具创造力的艺术之一。音乐艺术的这一特点使音乐教育在培养学生的创造力方面具有很大的优势。

音乐教学要鼓励音乐创造，除了要重视培养高中生的创造意识和创造能力外，还要重视创新音乐教学的方式。音乐教师应勇于跳出传统角色，为学生的音乐学习创造一个轻松和谐的人际环境。在音乐课上，学生可以对教师提出质疑，同时教师应尊重学生对音乐的不同体验和独立思考。音乐教学方式的创新应体现出强烈的民主意识，充分尊重学生的个性，并保持他们对音乐学习的自尊心和自信心。

5. 重视学科的综合

高中生可以通过多样的途径来接受音乐教育，而且他们所接受的音乐教育的广度和深度极大地影响着其他素质的提高和音乐能力的发展。因此，音乐教育必须具有广阔的视野，必须保持开放的态度，并高度重视音乐教育的各种影响因素。因此，音乐教学要重视学科综合。而音乐教学在进行学科综合时，可从以下三个方面着手。

（1）音乐不同领域之间的综合

唱歌、表演、欣赏与基本音乐知识和基本技能有关，感觉、经验、表演、鉴赏与相关的音乐文化有关。教学内容目标分为感受与鉴赏、表现、创造等多个领域，这几个领域是相互联系和相互渗透的整体。例如，感受与鉴赏不仅包括音乐和相关文化、音乐表现的过程，还包括音乐体验和创造的过程。这些教学内容是一个相互联系的有机整体，有助于教学取得理想的效果。

第四章　高中音乐教育教学体系构建

（2）音乐与姊妹艺术的综合

舞蹈、戏剧等属于音乐的姊妹艺术。音乐和舞蹈有着天然的共生关系，舞蹈与节奏是密不可分的，节奏是音乐不可或缺的基本要素之一。舞蹈音乐的曲调以变化的音调和节奏概括了特定速度下的舞蹈情绪和气质。随着舞蹈艺术的逐步完善，它与音乐的融合越来越紧密。音乐和戏剧一样，都属于表演艺术的一种，而且两者都需要在一定的时间内展开。因此，将音乐和戏剧这两种艺术进行综合是可以实现的。由于戏剧的产生是语言艺术与表演艺术进行融合的结果，因而将音乐和戏剧这两种艺术进行综合时，也蕴含着对语言艺术的综合。音乐在与戏剧进行综合时，还有一种较为自由的方式，即戏剧配乐。戏剧配乐不是用来为歌唱伴奏的，也不是用来与舞台上角色的动作、对话等进行节奏性配合的，而是为了对舞台的气氛、角色的情绪等进行烘托，以增强戏剧的感染力。

（3）音乐与其他相关学科的综合

音乐作为一门学科，除了要提高学生的音乐技能和音乐修养，还需要提高学生的综合文化素质。因此，音乐除了要与姊妹艺术进行综合，还要与艺术之外的其他相关学科如人文学科进行综合。将音乐与人文学科进行综合，不仅能够使学生的音乐文化视野得到进一步扩展，使音乐作品的理解能力进一步增强，还能够使学生的思维能力得到进一步发展、文化素养得到进一步提升。因此，教师在开展音乐教学时，必须注意融入一定的人文学科知识。

（二）高中音乐教学环境

在开展高中教学活动时，教学环境是必须具备的一个前提条件。一般而言，教学环境是依据社会对学生的培养要求进行组织的，综合了学校在开展教学活动时所必需的各种条件。因此，其与自然环境、社会环境等是不同的。

关于教学环境的含义，既有广义的说法，也有狭义的说法。其中，广义的教学环境是指所有与教学相关的条件，包括社会制度、科学技术、家庭情况、亲朋邻里等；狭义的教学环境仅指的是学校范围内与教学相关的条件，包括学校的教学场所、学校的教学设备设施、学校的校园文化建设、学校的管理制度、班级的学习风格等。

1. 音乐教学环境的功能

教学环境在教学活动中有着极为重要的作用，而且越来越受到人们的关注。对于教学环境的功能，具体包括以下六个方面。

（1）健康功能

高中教学环境既能对师生的生理健康状况产生重要的影响，也能深刻影响师生的心理健康状况。这就是教学环境的健康功能。对于绝大多数教师而言，学校教学环境既是其工作的环境，也是其生活与学习的环境。由于环境会对个体的身心发展产生直接影响，因而学校教学环境会深刻影响教师的身心健康状况。学校应尽可能为学生创造一个卫生条件良好、教学设施完善、人际关系和谐、学习氛围浓厚的教学环境，以便学生既能够有健康的身体，也能够有健康的心理。

（2）导向功能

一般而言，构成教学环境的各个环境因素都蕴含着一定的教育意义，能够引导学生形成正确的世界观、人生观和价值观，也能够促使学生的成长与发展符合社会的期望。从这一角度而言，高中教学环境具有导向功能，能够有效地推动学生的社会化发展。

（3）美育功能

高中教学环境的有效构建，对于激发学生的美感、培养学生的审美想象、提高学生的审美感受和鉴赏能力有着积极的作用。换言之，当学生处于良好的教学环境时，很容易形成正确的审美观念，养成高尚的审美情趣。从这一角度而言，美育功能是教学环境的功能之一。既然教学环境具有美育功能，那么在组织和构建教学环境时，就需要积极挖掘教学环境的美，以帮助学生形成正确的审美观。一般而言，在对教学环境的美进行挖掘时，可从校园、教室、教师、学生等多个角度着手。

（4）凝聚功能

高中教学环境的组织与构建充分考虑了学生的身心发展特点及多元化的

发展需求，既能使学生学到系统的、科学的、前沿的知识和技能，也能够有效培养学生的综合素养，使学生的需求特别是知识需求得到最大限度的满足；重视对平等、欢快、和谐的教学和学习氛围的创设，既能够激发学生的学习兴趣，也能够确保学生能够获得良好的学习成果。因此，对于渴望知识的学生而言，学校的教学环境非常具有吸引力和凝聚力。

（5）陶冶功能

在一个人的思想信念、道德情操、行为习惯等的形成过程中，社会环境的影响是不容忽视的。高中教学环境从某种角度而言，就是一种微观社会环境，因而其会对学生道德情感的培养、道德行为的形成等产生重要的影响。实践证明，良好的教学环境可以陶冶学生的情操，使学生形成美丽的心灵，还有助于学生养成高尚的道德品质和恰当的行为习惯。从这一角度而言，教学环境具有陶冶功能。

（6）激励功能

教师在处于良好的教学环境中时，能够形成较强的工作动机和较高的工作热情，从而更加积极、主动地开展教学工作，并采取有效的措施来确保教学工作顺利开展并取得理想的成果。从这一角度而言，教学环境具有激励功能。对于高中教师而言，良好的教学环境中的每一个环境因素，都可以有效激发其工作的积极性和主动性。比如，整洁幽静的校园、宽敞舒心的教室、团结奋进的班级风气、严谨求实的教研氛围等，都能使教师获得心理上的极大满足，继而有效激发其工作动机和工作热情。

2. 音乐教学环境的创设

（1）音乐教学物理环境的创设

在创设高中音乐教学环境时，音乐教学物理环境是不可忽视的一项重要内容。音乐教学活动的顺利开展，离不开一定物质条件的支持。因此，音乐教学物理环境的创设情况会对音乐教学活动产生重要的影响，包括音乐教学物理环境会影响学生的智力发展；音乐教学物理环境会影响学生的情绪；音乐教学物理环境会影响学生的学习行为；等等。在创设音乐教学的物理环境时，必须要遵循以下原则。

第一，客观性原则。高中音乐教学物理环境创设的客观性原则指的是在创设音乐教学物理环境时，要充分考虑到自身的实际环境条件，做到扬长避短。

第二，整体性原则。构成高中教学物理环境的因素颇为复杂，只有这些因素有机融合在一起，成为一个整体，教学物理环境才能充分发挥出自身的积极作用。在创设音乐教学的物理环境时，必须要对校园建筑及其装饰、校园绿化、教学设施等进行综合考虑，确保其能够产生协调一致的影响，继而促进学生身心的健康发展、音乐教学质量的不断提升。

第三，可接近性原则。在创设高中音乐教学的物理环境时，可接近性原则也是必须要遵循的一个重要原则，具体表现在：学习材料的存放区域应便于教师和学生来往；教室的布局既要有利于师生的自由活动，也要有利于师生之间、生生之间的交流与合作；教室中放置常用材料的地方不可过于狭小，而且要尽可能选择一个相对宽敞的空间。

第四，一致性原则。高中音乐教学物理环境创设的一致性原则指的是在创设音乐教学物理环境时，要充分考虑其是否能与学生的学习活动保持一致。比如，在对教室空间进行安排时，只有确保其与学生的学习活动保持一致，才能有效激发学生的学习动机，继而使学生主动参与到学习活动之中，确保学习活动取得良好的成效。

第五，可视性原则。高中音乐教学物理环境创设的可视性原则指的是在创设音乐教学物理环境时，要充分考虑其是否能够确保在师生之间、学生与正在进行的学习活动之间有清晰的视野。

第六，最小干扰原则。在创设高中音乐教学物理环境时，也必须要遵循最小干扰原则。若是以教师为中心来安排学生的座位，则要确保所有的座位都面向教师，而且座位的排列要十分整齐；若是以小组学习为中心来安排学生的座位，则要确保所有的小组成员都能围坐在一起，而且要尽可能缩短小组成员之间的距离。

第七，最大活动区原则。教室中存在着一个"活动区"，即在教室中间及教室正中的一条线上。教师在安排学生的座位时，要尽可能让更多的学

第四章　高中音乐教育教学体系构建

生进入"活动区"。要实现这一点，方法主要有两个：一是经常调换学生的座位；二是教师通过自身的不断移动来扩大"活动区"，这是最为简单的一种方法。

（2）音乐教学心理环境的创设

除了物理环境，心理环境也是高中教学环境的重要组成部分之一。因此，在创设音乐教学环境时，也必须重视音乐教学心理环境的创设。在创设音乐教学的心理环境时，必须要遵循以下原则。

第一，整体性原则。营造音乐教学心理环境时要强调整体性原则，最重要的一个原因便是高中音乐教学心理环境是多种因素综合作用的结果。如果某一因素出现问题或是只重视某一因素而忽视其他因素，则无法顺利创设音乐教学心理环境。

第二，快乐性原则。高中音乐教学心理环境创设的快乐性原则指的是在创设音乐教学心理环境时，要尽可能营造安逸舒适的室内环境、热烈活跃的课堂氛围等，以便处于这一环境中的学生能够获得积极、愉快的情绪体验。学生在进行认知时，会伴随着一定的情绪反应。当学生的情绪是消极的，其认知活动必然会受到影响；而当学生的情绪是积极的，其认知活动便能得到顺利开展，并获得良好的认知结果。因此，在创设音乐教学的心理环境时，应遵循快乐性原则。

（3）音乐教室心理环境的创设

在创设高中音乐教室的心理环境时，需要考虑两方面问题：第一，注重营造民主、平等、和谐的师生环境。教学会受到多种因素的影响，其中一个重要的因素便是师生关系。因此，积极营造民主、平等、和谐的师生环境是极为重要的。而在教学环境的具体营造过程中，教师必须要充分发挥自己的主导性作用，让学生感受到自己对待每一个学生都是平等的。第二，积极营造富有激情的课堂氛围。课堂氛围对学生的学习积极性及教学的效果等都有着重要的影响，因而在开展教学活动时，积极营造良好的课堂氛围是极有必要的。

（三）高中音乐教学过程

1. 音乐教学过程的特征

高中音乐教学过程从本质上而言，就是教师指导学生对音乐进行认知的特殊过程。音乐教学过程的特征，主要包括以下几个方面。

（1）多元性特征

高中音乐教学过程的多元性特征主要体现在：第一，不同的教学目的、不同的教学对象、不同的教学内容、不同的教学条件、不同的教师等许多不同因素的有机结合，构成了音乐教学过程的差异性或者说多元性；第二，从教学任务的角度而言，一个音乐教学过程虽然总要完成培养音乐兴趣爱好、传授音乐知识技能、发展各种能力等多方面的任务，但在不同的时期、条件下，又要对音乐教学任务的某些方面有所侧重，这也构成了音乐教学过程的多元性。

（2）复杂性特征

高中音乐教学过程的复杂性特征，主要体现在以下几个方面：

第一，音乐教学过程中存在着教师的教与学生的学之间的矛盾。教师的教学方式、方法不同，传授知识的多少、讲解过程的快慢，都与教学的主体学生产生某种作用，显露出教师传授的容量与学生掌握知识的容量之间的差异。

第二，音乐教学过程中存在着教材与学生之间的矛盾。教材的编写在教学实施之前就已经完成，因而教材中的内容相比最新的人类社会文化知识而言会有一定的滞后性。此外，教材由于受到版面的限制，包含的内容是有限的。但是，学生的现实需求是不断增加和变化的，因而教材中的内容在很多情况下无法有效满足学生的需求。

第三，音乐教学过程中存在着教学与教学条件之间的矛盾。音乐教师在开展音乐教学时，需要借助一定的音乐器材。但是，并不是所有的学校都有足够的经济能力去充足地配备各类音乐器材。如此，音乐教学与音乐教学条件之间便产生了一定的矛盾。

第四章 高中音乐教育教学体系构建

（3）可变性特征

高中音乐教学过程会因为构成要素之间的变化而变化，它是相互关系、相互制约的一个动态的活动组织。通常而言，音乐教学的目标、对象、内容、场景、情景等因素，都会对音乐教学过程产生重要的影响。对此，音乐教师应有清晰的认知，并能够及时根据影响因素的变化来对音乐教学过程进行优化。

2. 音乐教学过程的阶段

（1）感知阶段

感知是高中音乐教学的开始，因此音乐教学过程的第一个阶段便是感知阶段。音乐教师在开展音乐教学时，必须要借助音乐作品的音响来引导学生获得对音乐审美的认知。而要实现这一点，就需要音乐教师从感知入手来开展音乐教学，以便学生能够形成对音乐表象的认识，为进一步理解音乐奠定重要的基础。此外，音乐教学缺少感知这一阶段，既会影响学生参与音乐学习的积极性和主动性，也会影响音乐教学的进一步深化。在音乐教学过程的感知阶段，音乐教师必须借助直观教具、实践练习等方式来引导学生对音乐进行有效感知，以便学生能够获得对音乐表象的感性认知，为接下来的学习奠定基础。

（2）理解阶段

在高中音乐教学过程的感知阶段，学生能够获得对音乐表象的感性认知。但是，音乐教学不能仅停留在这一阶段，还需要引导学生对音乐的认知从感性上升到理性。因此，当音乐教学的感知阶段顺利完成后，就需要进入音乐教学过程的下一阶段——理解阶段。在音乐教学过程的各个阶段中，理解阶段可以说是最基本的一个阶段，并且起着承上启下的作用。在音乐教学过程中，能否顺利地从感知阶段进入理解阶段，影响着接下来的音乐教学阶段能否展开。而要顺利实现从感知阶段到理解阶段的过渡，音乐教师必须注重开展音乐实践活动，引导学生进行独立思考和练习，继而对所获得的感性内容进行进一步的理解。

（3）巩固阶段

在经过音乐教学过程的感知阶段和理解阶段后，高中生对于所学习的音乐文化知识和技能会达到初步掌握的程度。但由于学习的时间比较短，因而对所学音乐文化知识和技能的掌握并不牢固，很容易出现遗忘的现象。针对这一情况，音乐教师必须要及时引导和指导学生对所学音乐文化知识和技能进行反复体验与记忆，以便能够深刻地领会和牢固地掌握这些知识和技能。如此一来，就进入了音乐教学过程的第三个阶段——巩固阶段。

音乐教学过程的巩固阶段相比前面两个阶段而言，是一个相对独立的阶段。在这一阶段中，音乐教师要引导学生对刚刚感知的内容进行再现，以便学生能够牢固地掌握这些已获得的知识。此外，一旦学生学习了新的音乐知识与技能，音乐教师就要及时引导学生对其进行巩固。因此，在整个音乐教学过程中都要贯彻巩固工作。还需要注意的是，巩固应包含一定的交流与反馈，而且要经过一段较长的时间。

（4）运用阶段

高中生学习知识与技能，目的并不仅是掌握所学的知识与技能，更重要的是对所学的知识与技能进行运用，以不断提高自身的综合素质。因此，对于一个完整的音乐教学过程而言，运用阶段是绝不能缺少的。这一阶段的开展情况，会影响学生对音乐文化的掌握情况，也会影响学生自身认识能力的发展情况。因此，音乐教师在这一阶段应注意引导学生将所学的音乐知识与技能运用到实践之中，以便促使学生在提升自身音乐修养的同时，提高自己的独立思考能力和独立工作能力等。

综上所述，一个完整的音乐教学过程要包括感知、理解、巩固和运用等四个阶段，而且这四个阶段既相互独立又相互渗透。此外，音乐教学的过程会受到教学内容、教学形式等的影响。因此，每堂音乐课的具体音乐教学过程会有一定的差异，必须从实际出发确定科学的、可行的音乐教学过程的不同阶段。

（四）高中音乐教学模式

每一门学科在发展的过程中，都形成了适合自己的教学模式。而高中教学模式的构建,需要以一定的教学理论或思想为依据,而且要有助于特定教学目的的实现。一般而言,在构建了一个新的音乐教学模式之后,必须要将其运用到音乐教学实践之中,并及时依据实践的结果对其进行调整与优化,使其形成相对稳定的框架和活动程序。音乐教学所使用的模式是多种多样的,可以将音乐教学的模式细分为以下七种。

1. 参与—体验教学模式

很多高中音乐教师都喜欢运用参与—体验教学模式来开展音乐教学活动。参与指的是在音乐教学活动中,除了音乐教师的参与,还必须积极引导学生参与其中,而且师生必须以平等的身份参与到教学活动之中;体验指的是在音乐教学活动中,音乐教师必须引导学生主动参与其中,并重视通过自己的亲身体验来获得音乐知识与技能。因此,参与—体验教学模式是一种有助于音乐教师与学生之间进行良性互动、促使音乐教师与学生之间形成和谐关系的音乐教学模式。

参与—体验教学模式重在突出学生的主体地位,突出师生的地位是平等的。音乐教师在音乐教学活动中运用参与—体验教学模式,有着十分重要的意义:能够营造活跃的课堂氛围,激发学生的学习兴趣和学习积极性,促进学生主体作用的发挥;能够调动学生的多种感官,增强学生对音乐进行体验与感受的能力;能够促进学生的注意力、记忆力、创造力等的发展,继而不断提高学生的智力;能够帮助师生之间、生生之间进行有效的情感交流,形成和谐的人际关系;有助于把音乐课堂延伸至课外、校外、家庭。

2. 情境—陶冶教学模式

在开展高中音乐教学时,情境—陶冶教学模式是经常会用到的一种教学模式。所谓情境—陶冶教学模式,简单而言就是通过对真实情境的创设来开展教学活动的教学模式。由于情境—陶冶教学模式要求所创设的情境应是真实的,因而在具体的创设过程中可有效运用语言、实物、音乐等手段。此外,所创设的情境要有助于激发学生的学习积极性,还要有助于培养学生积极的情感,能使学生在轻松活泼的教学氛围中感受音乐的美,形成良好的音乐感受和欣赏能力。

情境—陶冶教学模式重在借助情感、认知与行为的交互作用，既能使学生学到音乐知识和技能，也能对学生的情感进行陶冶，使学生的身心得到健康发展。音乐教师在音乐教学中运用这一音乐教学模式时，需要遵循一定的操作程序：创设情境阶段，教师要根据教学目的为学生创设一个生动形象的场景，以激起学生学习的兴趣；情境体验阶段，教师要积极开设各种游戏、唱歌、听音乐、表演等活动，使学生在特定的气氛中进行学习；总结转化阶段，教师要做启发总结，使学生领悟所学内容，做到情理的统一，并使这些情感体验感受得以转化为理性认识。

3. 示范—模仿教学模式

示范—模仿教学模式是高中音乐教师在音乐教学中经常会用到的一种音乐教学模式。所谓示范—模仿教学模式，就是音乐教师在开展教学活动时，通过自己对音乐技能的示范来激发学生的学习兴趣，使学生通过模仿自己的行为来对音乐技能进行有效掌握的一种教学模式。

4. 行为—辅助教学模式

所谓行为—辅助教学模式，就是借助一些辅助手段来开展高中音乐教学的教学模式。一般而言，这一教学模式所借助的辅助手段主要是教学媒体，而且所运用的教学媒体要有助于激发学生的学习兴趣，增强学生的理解能力，使学生有效地掌握音乐知识与技能。行为—辅助教学模式重在借助教学媒体等辅助手段来刺激学生的视觉、听觉等多种感官，使学生能够更好地对音乐进行感知与体验，继而产生音乐学习的兴趣，积极主动地参与到音乐学习之中。此外，行为—辅助教学模式有助于提高学生的自主学习能力，以及依据实际学习情况对自己的学习方式、学习进度等进行调整的能力。

5. 引导—发现教学模式

引导—发现教学模式是一种以发现问题和解决问题为中心的教学模式，着眼于培养高中学生的独立学习和独立思考能力，注重激发学生的创新意识和创造性思维。音乐教师在音乐教学活动中运用引导—发现教学模式，有着十分重要的意义：能够培养学生的探索精神，提高学生的独立探索能力；能够培养学生发现、分析与解决问题的能力；能够培养学生的求异思维和创造性思维，激发学生的创造性动机；能够使学生学会学习；等等。不过，引导—发现教学模式要想在音乐教学活动中得到有效运用，必须要具备一定的条件：就音乐教师而言，要有丰富的教学经验；就学生而言，要具备一定的音乐知识储备，形成一定的音乐技能。

6. 自学—指导教学模式

在开展高中音乐教学时，自学—指导教学模式也是会用到的一种教学模式。所谓自学—指导教学模式，就是音乐教师指导与学生自学相结合的一种教学模式。音乐教师在音乐教学活动中运用自学—指导教学模式，有着十分重要的意义：有助于激发学生的主体意识，提高学生学习的积极性和主动性；有助于培养学生的自学习惯，提高学生的自学能力；有助于提高学生的独立思考和动手能力，培养学生的创造性思维；等等。需要注意的是，音乐教师在使用这一音乐教学模式时，对学生的指导应贯穿整个音乐教学过程。

7. 探索—创造教学模式

探索—创造教学模式是一种以问题的探究与解决为中心的高中教学模式，既注重培养学生的独立探究能力，也注重培养学生的创造性思维。音乐教师在音乐教学活动中运用探索—创造教学模式，能够使音乐教学的内容和音乐教学的形式得到进一步完善，继而有效激发学生的音乐学习兴趣，提高学生参与音乐教学活动的积极性和主动性；能够进一步扩大学生的知识视野，提高学生对所学知识进行综合运用的能力；能够活跃学生的思维，特别是创造性思维，促进学生创造性思维能力的提升；能够帮助学生深刻地认识与体会音乐的各个要素，更加牢固地掌握音乐创作的基本手法；能够提高学生感受和创造美的能力；等等。

（五）高中音乐教学活动

高中音乐教学活动的有效组织，是音乐教学工作得以顺利开展的一个重要条件。因此，在开展音乐教学工作时，必须做好音乐教学活动的组织工作。

1. 音乐教学活动的组织原则

开展高中音乐教学活动的组织工作时，要想取得理想的效果，必须要遵循一定的组织原则。具体而言，音乐教学活动组织的原则主要包括以下四个方面。

（1）递进性原则

在开展高中音乐教学活动的组织工作时，也要切实遵循递进性原则。音乐教学活动组织的递进性原则，就是在对音乐教学进行组织时要从学生的认知规律出发，考虑学生循序渐进地接受知识的特点，并考虑知识内容之间由简到繁的逻辑顺序，使教学的组织形式能为之服务。学生正处于一个快速成长的阶段，其认知思考能力、探究能力等会经历一个从简单到复杂、从具体到抽象的过程。针对这一现实，在安排音乐教学活动及内容时，必须做到从简单到复杂、从具体到抽象。

（2）整体性原则

教师在组织音乐教学活动时，必须要遵循的一个原则便是整体性原则。以音乐课堂教学为例，在短暂的一堂课中，音乐教师要想在有限的时间内组织好教学，就要从整体上来考虑以对教学的进度进行合理的安排。而音乐教师在合理安排教学进度时，可具体从以下三个方面进行。

第一，对教学环节进行合理安排。一般而言，教学环节包括教学导入、讲授新课、教学实践、小结等内容。音乐教师要以实际的音乐教学需要为依据，从全局出发对各个教学环节的任务及所需要的时间进行合理分配，以保证整个环节顺利进行，在有限的时间内顺利完成教学任务。此外，音乐的情感性、非语义性、抽象性等特点决定了要借助多样化的形式对音乐进行体验和感受。因此，一节音乐课通常会出现多种形式的表现活动。在这种情况下，若不能从整体上对一节音乐课进行设计和考虑，教学环节很可能无法顺利展开，教学也无法取得理想的效果。

第二，对教学内容进行合理选择与设计。在有限的时间内能够教授的内容也是有限的。因此，合理地选择与设计教学内容是十分重要的。在对高中教学内容进行选择与设计时，要充分考虑学生的接受能力和学习水平，而且教学内容的数量要合理。此外，要着眼于整体的教学目标来对教学内容进行选择与设计，以便整个教学过程能够顺利进行。

第四章 高中音乐教育教学体系构建

第三，教学要面向全体学生。高中教学的对象是全体学生，教师必须平等地对待每一个学生，切不可因学生在学习程度、接受能力等方面的差异而对他们进行区别对待。学生的成长环境不同，认知思维能力也不同，所以每个人都是有差异的，教师在授课时要面向全体学生，在教学进度、教学评价等方面都要尽可能照顾到每一位学生。

需要注意的是，教学面向全体学生还要求考虑到学生发展的全面性。这是因为，音乐的学习不仅是知识技能的学习，还是对音乐学习兴趣的培养、对音乐学习方法的掌握和对音乐的体验过程。只有将学生作为一个完整的人来开展教学活动，才能确保教学活动取得理想的效果。

（3）民主性原则

教师在组织音乐教学活动时，也必须充分考虑到民主原则。音乐教学活动组织的民主性原则，就是在音乐教学中要处理好教师与学生的角色，使师生在一种愉悦的氛围中进行学习。在高中音乐教学中，教师和学生的地位是平等的。因此，音乐教师在进行授课时，不论采取哪种形式，都必须正确地定位师生的角色，并积极创设民主、平等的师生关系。

对于教师而言，其在教学中扮演着引导者、促进者、合作者的角色。有了这样的定位，音乐教师在教学中就不会忽视学生的主观能动性，在学生遇到学习困难时，就会积极利用自己的教育智慧给予适当的引导，帮助学生顺利解决自己的学习障碍。

对于学生而言，其是成长者、学习者和合作者。有了这样的定位，音乐教师就会将学生视为独立的个体，充分尊重和信任学生，积极引导学生在学习中发挥自己的主体作用和主观能动性，以便学生的学习取得良好的成效。总而言之，只有积极营造民主的师生关系，才能最大限度地激发学生的学习热情，调动学生积极思考和分析问题的能力，使音乐教学取得理想的效果。

（4）主体性原则

在开展高中音乐教学活动的组织工作时，主体性原则也是必须要遵循的一个重要原则。所谓音乐教学活动组织的主体性原则，就是在开展音乐教学活动的组织工作时要充分发挥学生自身的主观能动性，确保学生在学习中的主体地位和作用得到充分体现与发挥。对于音乐教师而言，要切实贯彻音乐教学活动组织的主体性原则，可具体从以下三个方面进行。

第一，给予学生充足的时间。音乐教师在上课前，已经对教材进行了充分研究，对教学内容也十分熟悉，但对学生而言，其所面对的知识点和内容可能都是新的。因此，在音乐教学课堂上，音乐教师要根据内容的难度特点，给学生充分的消化时间，使学生有与文本进行对话和交流的机会，有内化的机会，这也是从学生个体发展特点来考虑的。因为教学关注的重心不是一个教师能在一节课上讲述多少内容，更多的是关注学生对所学内容的掌握情况。

第二，要高度尊重和信任学生。高中音乐教师在组织音乐教学活动时，要想确保音乐教学活动取得理想的效果，一个有效的举措能吸引学生积极、主动地参与到音乐教学活动之中。而要实现这一点，一个重要的前提是音乐教师要高度尊重和信任学生。音乐教师只有高度尊重和信任学生，放手让学生自己去进行探究和学习，才能有效激发学生的主观能动性，使学生积极、主动地参与到音乐教学活动之中。

第三，要重视发挥学生的主观能动性。高中音乐教师只有重视发挥学生的主观能动性，才能使学生在课堂教学中的学习状态从"要我学"转换为"我要学"。例如，音乐教师在讲授京剧中伴奏的作用时，仅对京剧伴奏的作用进行简单罗列是很难让学生记住的。此时，音乐教师可以引导学生自己拿起伴奏的乐器为无声的京剧画面配上节奏，然后体验有声与无声的区别，再说出自己伴奏的感受和体验，进而总结出京剧伴奏的作用。如此一来，学生不仅能更好地掌握所学习的内容，而且能体会到主动学习的乐趣，继而变被动学习为主动学习。

2.音乐教学活动的组织方法

高中音乐教学活动的组织要想取得理想的效果，除了要遵循一定的原则，还需要借助一些有效的组织方法。具体而言，音乐教学活动组织的方法主要包括以下两个方面。

第四章 高中音乐教育教学体系构建

（1）运用教学方法组织

在音乐教学中，运用教学方法组织教学也是经常会用到的一种方法。每一种教学方法都有其主要的关注点和要达到的目标或是要完成的任务，都有吸引学生的方面，当学生忙于完成任务时，课堂的秩序也就自然维持起来了。有助于音乐教学活动组织的教学方法，包括以下六种。

第一，趣味法。所谓趣味法，就是在组织音乐教学活动时，要切实从学生的角度出发，选择他们喜欢和感兴趣的话题。事实上，趣味法就是找到学生的兴趣点，调动学生学习的积极性。为此，音乐教师要做到看学生所看、想学生所想、思学生所思、关注学生所关注的。

例如，现代的学生对乐坛的流行音乐、流行歌手很关注，音乐教师就要适当地了解关注这方面的信息，以便找到与教材内容的交会点。而一旦调动起了学生的音乐学习兴趣，音乐教师就要以兴趣来引导学生继续学习。趣味只是音乐学习的"外衣"，目的是引导学生的音乐学习和体验，音乐教师不要为了迎合学生而一味地去找学生的兴趣点，毕竟有时候音乐本身就是一个很好的兴趣点。

第二，情景法。所谓情景法，就是在组织音乐教学活动时，要注意创设特定的环境和情景，让学生置身于一个模拟的情景中进行学习。情景法可以拉近学生与教学内容的距离，增加学生学习的趣味。

一般而言，音乐教师要根据教学的内容和学生的身心特点设置情景，而且要注意引导学生在情景中进行学习和谈论，以便学生更好地感知所学习的内容。但是，情景只是给学生创设的一种氛围、一种环境，使学生尽可能在一种真实、有趣的环境中学习，目的是激发学生的兴趣，不可本末倒置，进行过多的情景渲染而占用教学内容的学习时间。

第三，竞赛法。所谓竞赛法，就是在组织音乐教学活动时，要重视开展一些带有比赛意味的活动，让学生在竞赛活动中进行学习。每个人都有好胜的心理，采用比赛的形式来组织教学主要是通过创设比赛的紧张氛围，来刺激学生的竞争意识，调动学生的积极性。在运用竞赛法来组织音乐教学活动时，要特别注意以下几个方面：①要设计好竞赛法教学的规则、要求及奖惩措施，以使学生能够在进行的过程中按照规则有序、合理地实施。②要合理地规划竞赛的时间、阶段等，以使整个教学的组织井然有序。③要注意引导学生之间相互尊重，使学生明白他们相互之间是竞争对手更是朋友，切不可为了拿名次而故意贬低对手。④要注意保持竞赛过程的公平性，音乐教师要做好裁判的角色。竞赛只是一种教学组织形式，是一种教学的方式，最终的目的是促进学生的音乐学习，增加学习的趣味性，若是音乐教师在竞赛过程中判断不合理，很容易会引起学生的不满，导致学生对学习失去兴趣，对教师失去敬畏，最终影响课堂教学的顺利实施，使课堂教学无法取得预期的效果。⑤要做好学生的思想工作，让学生能够正确对待最后的结果。不管是胜是负，重要的是参与的过程，是参与过程中的收获和体验，如与人合作的能力、竞争意识等，而最后的结果只是对已经完成的活动的一个总结而已，以此鼓励学生有一个良好的心态。⑥要合理地安排竞赛的频度和要求等，不能使学生的精神一直处于紧张的状态，否则会增加学生学习的压力，使学生产生不良的情绪。

第四，探究法。所谓探究法，就是在组织音乐教学活动时，通过对某一问题的讨论、分析和探究来组织课堂教学。探究法的教学活动组织形式有利于培养学生的探究意识、创新思维和分析能力。在运用探究法来组织音乐教学活动时，要特别注意以下几个方面：①音乐教师要选择合理的探究内容。一个好的问题和话题是进行探究的前提条件，这就要音乐教师对学科内容进行充分的分析和了解，选择出有意义的内容。②音乐教师在学生进行探究时，应走入他们中间进行观察，分析学生在探究中可能出现的失误或困惑，并进行适当的引导和点拨，以保证课堂教学有序、有效进行。③音乐教师要特别关注学生的音乐学习水平和对教学内容的选择，因为学生要在具有一定的音乐知识、技能的基础上才能进行探究（如学生能够演奏乐器，能够通过听音乐辨别出拍子的类型）。

第五，问题法。所谓问题法，就是在组织音乐教学活动时，通过展开一些富有启发性和思考性的问题来组织教学。在运用问题法来组织音乐教学活动时，要特别注意以下几个方面：

①要恰当地设置问题。问题的设置是为了调动学生学习的内在动力，激励学生发挥自己的主观能动性去思考，所以设置的问题是否恰当是一节音乐课能否顺利展开的关键因素之一。②在整个教学过程中，要根据学生的回答情况采取不同的措施，如：有的问题学生回答不出来，是给予学生一些提示性的语言或资料，还是变换一些问题的提问方法；当学生对问题的回答严重偏离教学内容时应该怎么办；当学生对问题的答案有争议时，教师应该采取怎样的解决方式；等等。这些都是问题法教学实施中要考虑的内容。③要注意问题与教学内容之间的关系。可以按照两个形式来进行组织问题法的教学，一种是以一个大的问题贯穿整个课堂教学的始终，对这个问题的解决就是对教学内容的学习过程，另一种是把许多小问题串联起来，共同为教学内容服务，形成整个教学的一条主线。

第六，音乐法。所谓音乐法，就是在组织音乐教学活动时，通过音乐本体来组织教学。音乐法就是把音乐音响贯穿于整个教学，以音乐本体的魅力来调动和激发学生学习的积极性。在运用音乐法来组织音乐教学活动时，要特别注意以下几个方面：①音乐教师要认真仔细地分析音乐作品，找出音乐作品本身可能吸引学生的一些元素，如音乐的节奏、旋律、和声、风格等。②音乐教师要明确在课堂中通过什么样的形式来播放音乐（如是整段聆听还是分段聆听等）；学生在聆听时给他们提出怎样的要求；为了使学生能够更加深刻地聆听和感受音乐，是否应该加入一些辅助形式等。③音乐教师要积极采取一些有效的方式来增加学生聆听的兴趣，毕竟只有聆听这一单调的活动，时间一长很容易使学生产生听觉疲劳。

（2）通过人格魅力组织

一个人在性格气质、能力、道德品质等方面具有的很吸引人的力量，便是其人格魅力。因此，在音乐教学中，通过人格魅力组织教学也是一种十分有效的方法。通过人格魅力组织音乐教学，可具体从以下两个方面进行。

第一，通过教师的个人魅力组织教学。在高中音乐教学活动的组织中，教师个人魅力的影响主要体现在以下两个方面：一是教师的爱。教师对学生的爱，在教学中的具体表现就是信任学生、宽容学生、鼓励学生。当学生产生厌学、自卑的心理时，教师可以用亲切的语言、期待的目光鼓励他们，激发学生的上进心，使学生能够找到信心和希望，继续前进。当学生犯了错误或是出现失误时，教师博大的爱会对学生采取谅解、宽容的态度，有时候这种宽容的爱会产生意想不到的激励作用，能够唤起学生自我教育的意识。当学生感受到教师对他的尊重和爱时，也会唤起内心的感动，用同样的行为去对待教师。二是教师良好的专业技能。音乐教师优秀的音乐技能也是征服学生、吸引学生注意力的一个因素。当教师优秀的专业技能得到学生的认可和喜欢时，学生就会慢慢地喜欢教师，就会表现得特别听话，想把自己最好的一面展现给自己喜欢的教师。

第二，通过学生榜样的作用组织教学。来自同伴的力量，对高中生的音乐学习有较强的激励和促进作用。因此，教师在课堂上可以适当地给优秀学生表现的机会，以便他们在同学中起到榜样的作用，发挥同伴之间的学习效应，使同学之间能够形成互帮互助的风气，从而建立起一个良好的学习空间和环境。

二、高中音乐教学的设计评价

（一）高中音乐教学的设计

高中音乐教学是一种有目标、有计划的教育活动，因此在活动之前，教师需要进行必要的准备，即进行音乐教学设计。良好的音乐教学设计可以保证音乐教学工作的科学化，也可以保证音乐教学活动的顺利实施，还有助于音乐教学取得理想的效果。

1. 音乐教学目标的设计

（1）音乐教学目标的作用与结构

高中音乐教学预期所要达到的学习结果和标准，便是音乐教学目标，这一含义实际上包含了三个方面的内容：一是表明了音乐教学活动所期望得到的结果；二是明确了学生通过参与音乐教学活动所需要达到的行为状态；三是明确提出了音乐教师需要完成的教学任务。

第四章　高中音乐教育教学体系构建

音乐教学目标在音乐教学中发挥着十分重要的作用。具体来看，音乐教学目标的作用主要有以下四个方面：

第一，导向作用。音乐教学目标具有导向作用，音乐教学目标在很大程度上决定了音乐课程目标、音乐学段目标和音乐课堂教学目标的内容。音乐教学目标在一定程度上规定了音乐教学活动的方向。音乐教学目标是音乐教师制订音乐教学计划、选择音乐教学内容、明确音乐教学策略、选用音乐教学模式、设计音乐教学步骤等时必须要依据的一项重要内容。

第二，激励作用。音乐教学目标可以调动音乐教师的教学积极性，学生的学习积极性和主动性也会得到提升。在此基础上，师生便可以积极实现更进一步的目标。从这一角度而言，音乐教学目标具有激励作用。

第三，调节作用。音乐教师在具体开展音乐教学活动的过程中，要及时对各个教学环节进行评价，并以评价结果为依据对教学进度、教学内容、教学方法等进行一定的调整，以确保制定好的音乐教学目标能够得以实现。从这一角度而言，音乐教学目标具有调节作用。

第四，评价作用。在开展音乐教学活动时，音乐教学评价是必须要有的一个环节。而在进行音乐教学评价时，一个重要的评价依据便是音乐教学目标。注意无论采取哪种评价方式，都必须要确保所依据的音乐教学目标是具体的、可以测量的。只有这样，音乐教学评价才能获得客观的结果，继而帮助师生明确自身存在的不足并采取有效的措施进行弥补。音乐教学评价对于音乐教学目标的进一步完善有着积极的作用，即可以依据音乐教学评价的结果对音乐教学目标进行调整与优化，以确保音乐教学目标更加符合音乐教学的实际情况。

高中音乐教学目标从结构方面而言，需要包含以下四个层次：

第一，课程目标。课程目标是学校开展音乐课程所努力要达成的结果。这一目标通常是较为抽象和宏观的，也有着很强的概括性，而且在制定时需要教育领导部门和专家学者的积极参与。此外，学校在对具体的音乐课程进行设置与安排时，必须要依据课程目标。

第二，学段目标。学段目标是以不同学段学生的身心发展特点和发展规律为依据而制定的,也是对课程目标进行具体化和详细化的结果。因此,学段目标相比课程目标而言,更便于操作。

第三,单元目标。单元目标是对学段目标进一步拆分和具体化的结果,即明确了每一个教学单元需要实现的目标。与课程目标和学段目标相比,单元目标更具有可操作性。

第四,课时目标。课时目标是针对某一个或某几个具体的音乐课堂教学活动所设计的目标,而且课时目标的实现情况会影响到单元目标、学段目标和课程目标的实现情况。

(2)音乐教学目标设计注意事项

在设计高中音乐教学的目标时,要确保其科学性、合理性和可操作性,还要特别注意以下四个方面:

第一,要切实站在学生的角度来设计音乐教学目标,即将教学目标的重心指向学生和期望他们达到的学习效果上。

第二,要以音乐情感为主线来设计音乐教学目标。音乐是一种情感艺术,不论是在音乐作品中还是在人们对音乐作品进行演唱或演奏时,都会包含着一定的情感。

第三,要恰当地设计音乐教学目标。音乐教师在设定音乐教学目标时如果不切实际,就根本无法完成。比如,通过让学生对民歌进行聆听与学唱,使其养成热爱家乡、热爱祖国的情感;通过让学生对音乐作品进行欣赏与学唱,使其树立正确的世界观、人生观和价值观等。可见,这样的音乐教学目标是无法在短时期内完成的,而且这样的音乐教学目标并不具备可操作性,因而无法指导音乐教学活动的顺利开展。

第四,要确保所设计的音乐教学目标是可以进行评价的。所设计的音乐教学目标是否科学、合理、具有可操作性等,与其是否可以进行评价有着密切的关系。基于此,在对音乐教学目标进行表述时,要尽可能避免笼统的、含糊的、不便于测量的词语,如领会、认识、欣赏等;而对于能够明确界定学习结果且有着较强可操作性的行为动词,则可以多加使用,如演奏、唱出、区分、复述等。

2. 音乐教学资源的设计

富有教育价值的、能够通过转化为学校音乐教学服务或直接服务于高中音乐教学的各种条件的总称，便是音乐教学资源。一般而言，教材及学校、家庭和社会中所有有助于提高学生音乐素质的各种资源，都可以纳入音乐教学资源。在对音乐教学资源进行设计时，可具体从以下两个方面着手。

（1）校内音乐教学资源设计

在对高中音乐教学资源进行设计时，可具体从以下五个方面着手。

第一，教材资源的设计。在音乐教学资源中，教材资源占据着十分重要的地位。在对音乐教材进行设计时，可以采取的有效策略包括：一是要因人制宜，合理增减；二是要因时制宜，合理调整；三是要因地制宜，适当变换。在课程体系中，校本课程是一个极为重要的组成部分。开发和编写出适应学校实际和学生需要的校本课程十分必要，它能使学校办出自身的特色。在对校本课程进行设计时，要确保校本课程的科学性和实用性，可以采取的有效策略有：一是明确校本课程的性质和原则；二是掌握校本课程设计的程序。

第二，教师资源的设计。在音乐教学资源中，音乐教师是极为重要的一类，即音乐教师自身就是音乐教学资源中最具生命活力和创造活力的"活"的教学资源。

第三，学生资源的设计。在音乐教学资源中，学生也是极为重要的一类。学生的知识与技能、身心发展状况、生活环境、生活经验、学习经验、学习的方式和方法、情感态度和价值观、教育需求等，都属于音乐教学资源的范畴。

第四，音乐教学媒体的设计。音乐教学媒体包括普通教学媒体（如黑板、教科书、图表等）和现代教学媒体（如投影仪、电视、录音机、多媒体）两类。在对其进行设计时，可以采取的有效策略包括：一是充分发挥教学媒体的多媒体特性。在进行音乐教学时，各种媒体的综合恰当运用更能在学生的情绪和情感方面达到共鸣；二是充分发挥教学媒体的网络特性；三是发挥教学媒体的实用特性。音乐教师要充分意识到教学过程中"整体优化"的重要性，认识到使用现代化教学媒体不是教学目的,而是一种教学辅助手段,要突出音乐学科的特点,使用教学媒体要服从音乐教学的实际需要,这样才有利于提高音乐课的教学质量。

第五,教学设备设施的配置。学校教学设备设施的配置方面应注意的是,应设置专用音乐教室,应为开展课内外的器乐教学活动提供必要的条件(如建立各种乐队),应不断丰富图书馆中的音乐书籍等。

(2)校外音乐教学资源设计

在对校外校内高中音乐教学资源进行设计时,可具体从以下几个方面着手。

家庭音乐教学资源的设计。在学生的一生发展中,家庭因素起着十分重要的作用。因此,在对校外音乐教学资源进行挖掘与设计时,家庭音乐教学资源是一个重要的着眼点。具体而言,在对家庭音乐教学资源进行设计时,可从以下三个方面着手。

第一,家庭人力资源及其设计。在一个家庭的构成中,最不能缺少的便是人,而且家长在家庭中发挥着极为重要的作用。让家长与学生一起参与到音乐教学活动中,既能够充分挖掘和发挥家长本身作为音乐教学资源的作用,也能够密切学校与家庭之间的关系,还有助于良好亲子关系的形成。既然家长是一种重要的音乐教学资源,那么音乐教师必须采取有效的措施发掘这一资源,并要确保其能够充分发挥出自己的作用。具体而言,音乐教师在对家长这一音乐教学资源进行发掘时,要特别注意四个方面:①要切实以音乐教学活动的目标为依据来发掘家长这一音乐教学资源,否则会不利于音乐教学任务的完成和音乐教学目标的实现。②要与家长进行广泛的联系,要对家长进行深入的理解,以便所发掘的家长这一音乐教学资源确实与音乐教学的要求、条件等相符合。③要在可能的情况下,让从事音乐事业或与音乐相关工作的家长走进校园,一方面对学校开展的音乐教学活动进行指导;另一方面对在校外开展的音乐教学活动进行组织与协调。④要经常邀请家长就学校音乐教学和学生音乐学习的实际情况,对学校如何进一步有效地开展音乐教学活动提出自己的积极建议。

第四章　高中音乐教育教学体系构建

第二，家庭环境资源及其设计。除了家庭人力资源，家庭环境资源也是家庭音乐教学资源中不可忽视的一部分。在很多情况下，学生的音乐学习是在潜移默化中完成的。而良好的家庭人文环境和音乐学习氛围能够在不知不觉中激发学生的音乐学习兴趣，提升学生的音乐学习动机等。因此，在对家庭环境这一音乐教学资源进行设计时，必须重视良好家庭人文环境的构建和良好音乐学习氛围的营造。

除了家庭人文环境和音乐学习氛围，家庭中所拥有的音乐器材和音乐媒体等，也是家庭环境这一音乐教学资源的重要组成部分。对于有条件的家庭，音乐教师应该鼓励其基于自身的经济条件来购买音乐器材和音乐媒体，以积极营造良好的家庭音乐环境，为学生音乐能力的提升奠定基础。与此同时，音乐教师要引导并教会学生如何对家庭中已有的音乐教学资源进行合理利用。唯有如此，家庭中的音乐教学资源才能充分发挥出自己的作用。

第三，家庭活动资源及其设计。在家庭音乐教学资源的构成中，家庭活动资源也是一个重要的组成部分。这里所说的家庭活动资源，有着十分广泛的范围。一般而言，家庭成员之间讨论音乐方面的知识或问题，家庭中举行的小型演奏会或演唱会，家长带领学生观看音乐演出或参加音乐知识讲座，家长与学生一起制作简单的乐器等，都属于家庭活动资源的范畴。

在家庭中开展音乐活动，既能够锻炼和提高学生的音乐知识运用能力，提升学生的音乐技能，还能够活跃家庭氛围，增进家庭成员之间的关系。因此，积极对与音乐相关的家庭活动资源进行发掘是极为重要的。在这一过程中，音乐教师要注意激发家庭成员开展音乐活动的积极性，并要指导家长如何利用现有的资源来有效地开展音乐活动。

社区音乐教学资源的设计。在校外音乐教学资源中，社区资源也是十分重要的一类，主要应关注以下两个方面的内容。

第一，社区音乐教学资源的构成。就当前而言，社区音乐教学资源主要由两个方面构成：①社区人力资源。一个社区内会包含很多的人，而且在这些人中不乏音乐爱好者、专业音乐家等。积极引导这些人参与到音乐教学之中，既可以使音乐教学获得丰富的教学资源，也可以促使音乐教学取得良好的成效。②社区文化资源。在社区发展的过程中，一般都极为重视社区文化环境的构建和社区文化设施的建设，还经常会举办社区文化艺术活动，以丰富社区人民的文化提升，提升社区的整体文化水平。而这些都属于社区音乐教育资源的范畴，因而对于音乐教学活动的顺利开展也有一定的积极作用。

第二，社区音乐教学资源设计的注意事项。就当前而言，在对社区音乐资源进行设计时，应特别注意三个方面：①音乐教师可以对社区所拥有的资源进行全方位的探查与分析，明确哪些资源可以被开发、运用到音乐教学之中。对于这些社区音乐教学资源，要注意将其纳入社区音乐教学资源信息库中，以便为后续的开发与利用提供便利条件。②音乐教师必须要以社区的实际情况为依据，在设计社区音乐教学资源时只有充分考虑到社区的实际情况，扬长避短，才能使社区音乐教学资源充分发挥出自己的作用，促进音乐教学活动的顺利开展并取得预期的效果。③音乐教师在对社区音乐教学资源进行开发与设计的同时，也要注意为社区的进一步发展贡献自己的力量。比如，音乐教师可以引导学生积极参与到社区举办的文化活动之中，以推动社区文化环境的进一步完善；学校可以组织学生成立一个社区广播小组，定期播放音乐作品，或是音乐作者、音乐表演者等对音乐作品、音乐事件的评论；组织学生利用社区的资源对音乐文化知识或是学校音乐教学活动等进行宣传，以吸引更多的人参与到学校音乐教学之中；等等。只有这样，学校和社区才能共同发展，音乐教育事业才能不断取得良好的成果。

3. 音乐教学策略的设计

所谓音乐教学策略，就是在高中音乐课堂教学中，音乐教师为了使学生能够更加积极主动地参与到音乐教学中，激发学生对音乐学习的兴趣而实施的一系列教学活动。音乐教学策略是音乐课程教学的有机组成部分，是音乐教师在特定的教学情境中为适应不同学习对象和教学目标而做出的一系列教学手段，以及随着教学情境的变化而进行调整的教学方法和教学措施。此外，任何教学策略都指向音乐课程中特定的问题情境、特定的教学内容、特定的教学目标，规定着音乐教师的教学行为。

在对音乐教学策略进行选择与制定时，必须纵观音乐教学的全过程，综

第四章 高中音乐教育教学体系构建

合考虑其中的各要素。此外，要想科学地选择与制定音乐教学策略，必须要把握好可应用于音乐教学中的常用教学策略。就当前而言，可用于音乐教学中的策略主要有以下两个方面。

（1）激发学生学习兴趣的策略

兴趣是最好的教师，培养、发掘学生的兴趣便成了教育目标之一。在高中音乐教学中，要设置新颖生动的、既具艺术性又具思想性的教学内容来激发学生的学习兴趣。而要实现这一点，就要特别注意以下两点：

第一，教师需用幽默的话语吸引学生，用动听的演奏打动学生。教师生动的语言、表情，既可以吸引学生的注意力，又可以活跃课堂气氛。因此教师在讲课时，要注意授课语言表达，激发学生学习的兴趣。另外，教师要善于利用自己的特长，在课堂上示范演奏、演唱，以激励、引导学生对音乐的兴趣。

第二，音乐课堂注重寓教于乐，布置师生近距离接触的音乐课堂。注重环境改变心态的教学理念。例如，"篝火晚会"式的音乐教学模式很适应学生全面发展的需要。教师在设计课堂时，要别出心裁地把课桌围成一圈，教室的当中空起来，以便学生表演或演奏。这样既调动了学生的积极性，也便于学生与教师之间的交流。

（2）促进新知识内部联系策略

音乐是抽象的艺术，学生摸不着、看不到，但是教师可以对知识进行转化。例如，在高中音乐课堂中，针对无音高概念的学生，教师可以根据促进新知识内部联系策略中的符号标志策略来解决这一问题。教师可以根据音阶需要把音高按照阶梯式的形式画出来，全音位置画的要比半音高一些，把内部联系关系图呈现出来，引导学生根据教师画的音阶尝试性地唱出来，这样可以把抽象的音乐变成视觉音乐。

（二）高中音乐教学的评价

在开展高中音乐教学工作时，必须要具有的一个环节便是进行音乐教学评价。所谓音乐教学评价，就是依据一定的价值、理念、目标，运用科学的方法和手段，对音乐课堂教学的目标、内容、方法、过程和效果等进行一系列价值判断的活动。音乐教学评价不仅能促进音乐教学质量的提升，而且有助于音乐教师的专业化发展。

1. 音乐教学评价的模式

在开展高中音乐教学评价时，要想取得理想的效果，需要借助一些有效的评价模式。具体而言，音乐教学评价的常用模式主要有以下三种。

（1）音乐教学自我评价模式

在开展高中音乐教学评价时，一个重要的评价模式是自我评价模式。所谓自我评价模式，就是教师或是学生依据一定的评价标准，对自身的教学情况和学习情况等做出一定的价值判断。音乐教学的自我评价模式的优点是，有助于音乐教师和学生锻炼自己的思维能力、分析能力与语言表达能力，全面提高自己的素质，也有助于音乐教师更全面地了解学生。不过，音乐教学的自我评价模式也有一些明显的不足，即很容易受到自身功利动机的影响，较难客观地对待自己与他人，从而导致评价结果不够真实和客观。

（2）音乐教学相互评价模式

在开展高中音乐教学评价时，相互评价模式也是经常会用到的评价模式。这一评价模式实际上就是通过小型的集体讨论进行互相评定。音乐教学评价的相互评价模式，重在评价学生学习音乐的态度和兴趣、学生了解和掌握音乐知识的程度，以及学生的音乐技能等；评价音乐教师的教学行为、教学态度等。此外，在运用这种评价模式时，可以采用录像、录音的方式记录被评价者的教学和学习行为。

音乐教学相互评价模式的优点是，有助于充分调动评价参与者的积极性和主动性，也能够促进和谐评价氛围的形成，还能够有效提高评价参与者的鉴别评价能力。不过，音乐教学的相互评价模式也有一些明显的不足，即评价标准不统一，很容易导致评价结果差别较大等。

（3）音乐教学他人评价模式

他人评价也就是第三者评价，即由直接参与教学的师生以外的人员（如校外专家、学校领导、非直接任课教师等）进行评价。高中音乐教学的他人评价模式更具有客观性，但不利于调动师生自己的主观能动性，而且可能导致在音乐教学和音乐学习上相对后进的教师和学生产生自卑等不健康心理。

需要指出的是，音乐学科是具有实践活动特点的学科，因而无论采取哪种音乐教学评价模式，都必须要有效地调动学生参与音乐实践活动的积极性，并要积极引导学生参与到评价过程中来。

2. 音乐教学评价的内容

在开展高中音乐教学评价前，要切实明确评价的内容，以及实施评价的要求等。音乐教学评价的内容具体包括以下三个方面。

（1）学生音乐学习评价

在具体开展高中生音乐学习评价时，应遵循以下八点要求：

第一，在开展学生音乐学习评价时，必须要确保评价能够涵盖所有的学生，即要将所有的学生都纳入学生音乐学习评价之中。此外，学生的音乐学习评价既要体现学生的共性，更要关心学生的个性。

第二，在开展学生音乐学习评价时，既要关注学生的现实表现，也要关注学生的未来发展，并要确保每一个学生都能在自身现有的水平之上进一步发展自己的优势，继而使自身的音乐潜能不断得到发展。

第三，在开展学生音乐学习评价时，要尽可能地从情感态度与价值观、过程与方法、知识与技能三个层面展开。对于情感态度与价值观方面的评价，音乐教师可以在音乐学习手册中设置"音乐学习情感"部分，对学生在音乐学习过程中的具体情况进行记录。过程与方法方面的评价重在评价学生是否掌握了音乐学习的方法与手段、是否积极参与到音乐学习活动之中等。这能够直接、真实地反映学生的音乐学习状况和变化。知识与技能方面的评价，重在评价学生在经过音乐学习后应达到的演唱、演奏、综合艺术表演、识读乐谱及音乐创造等能力，对培养学生音乐表现能力和审美能力具有积极的作用。

第四，在开展学生音乐学习评价时，要注意将评价与学生的学习过程、问题任务紧密联系，以便评价的结果更具有真实性和情境性。

第五，在开展学生音乐学习评价时，要以正面的、积极的评价为主，提高学生音乐学习的兴趣和积极性，增加学生学习音乐的自信心。需要注意的是，正面的、积极的评价要与学生的实际相符合。

第六，在开展学生音乐学习评价时，要注意将评价贯穿于学生学习活动的每一个环节，而且不可偏向其中某一个环节的评价。

第七，在开展学生音乐学习评价时，要全面、全员和全程（教学和过程）采集和利用与学生各种素质培养及各种技能发展有关的评价信息，全面反映学生的全部学习、教育的动态过程。

第八，在开展学生音乐学习评价时，要提前制定一套具体可行的评价方案，包括评价的内容、评价的指标、评价的方法、评价结果的呈现方式等。

（2）音乐教师教学评价

在具体开展高中音乐教师教学评价时，应遵循以下三点要求：

第一，音乐教师的教学评价，需要包括教师的教育思想、教学态度、专业能力、教学方法与效果、教师认知发展、职责履行等各个方面的评价，以便更加全面地评价音乐教师，为音乐教师知识结构的完善、教学技能的提升、教学方法的改革等奠定重要的基础，切实促进音乐教师的专业化发展。

第二，音乐教师的教学评价，需要特别关注音乐教师在音乐教学中是否注意到学生的发展，包括音乐教师在师生的交往与沟通中是否爱护和尊重学生等。

第三，音乐教师的教学评价，要注意采用多样化的评价方法。其中，音乐课堂教学评价是最常用的检验音乐教师教学情况的评价方式。一般而言，音乐课堂教学评价涉及两个方面：一是音乐教师的教学设计情况；二是音乐教师的教学实施情况。

（3）音乐课程管理与发展评价

高中音乐课程管理与发展评价也是音乐教学评价的一项重要内容。在开展这项评价活动时，必须要以教育行政部门和学校为评价主体，且评价内容包括学校音乐教育机构的设置情况及责任实施情况、学校的整体艺术氛围、学校音乐课程的开设情况、学校音乐教师队伍的构成状况、整体素质和培训情况、学校在音乐教学方面的设施和设备配置情况、学校在课外音乐活动方

第四章　高中音乐教育教学体系构建

面的开展情况等。

3. 音乐教学评价的方法

在开展高中音乐教学评价时，要想取得理想的效果，必须要采取有效的评价方法。常用的音乐教学评价方法主要有以下六种。

（1）音乐教学观察评价法

在高中音乐教学评价中，最常用到的一种评价方法便是观察法。教师有计划的、系统的观察对课堂教学而言是重要的。教师可以在教学中随时观察了解学生的学习状态和反应，继而有效地调整自己的教学计划、教学内容和教学方法等，确保教学能够取得良好的成效。此外，学校领导、其他教师等通过观察某一位教师的教学行为，可以明确其教学的优点与不足，继而帮助其进一步提高自己的教学水平。

在运用观察法进行音乐教学评价时，首先，明确观察的目标；其次，依据观察目标来确定观察的项目和观察的方法（教学参与式观察或教学非参与式观察等）；再次，进行具体观察，并用表格或图形等方式记录评估内容。

（2）音乐教学表演评价法

表演法也是高中音乐教学评价中经常会用到的一种方法。例如，音乐教师在音乐教学活动中可以随时对学生的演唱、演奏和音乐相关表演的情况进行观察，在进行具体评价前制定相关的表演内容和评价标准，然后在学生演唱、演奏、表演中进行评定。运用这种方法进行音乐教学评价时，其评价结果可以用评语的方式呈现，也可以用程度等级的方式呈现。此外，在音乐教学评价中运用表演法时，可以利用录音的方法，并将录音保存以便今后进行比较式的评价，以明确评价者在经过一段时间的学习和练习后是否有所进步。

（3）音乐教学测验评价法

在高中音乐教学评价中，测验法也是经常会用到的一种评价方法。测验法有书面笔答式的测验和伴随音乐的测验两种。其中，书面笔答式的测验又可分为文章式和客观式的测验。文章式测验为主观式的测验，一般测验题目不宜抽象和模糊，要让测验者容易抓题并便于回答和展开。客观性测验一般有填空、辨别（判断）、选择、组合、听录音回答等形式。

（4）音乐教学创造评价法

在高中音乐教学中，一项重要的活动是音乐创造性活动。因此，创造评价法也是音乐教学评价的一个有效方法。在运用这种方法进行音乐教学评价时，关键的一点是对评价的要点和评价的尺度予以明确。如果是即兴的创作表演，可以将表演活动用录音、录像的办法记录下来，以便反馈、记谱和评价。对于学生的自由创作活动应充分留意学生音乐创作的过程，以及创作活动中的表现欲望和创造意识、潜能，在评价过程中也要特别予以注意，而且对此所给予的评价应该是积极性的。

（5）音乐学习卡片评价法

在高中音乐教学评价中，学习卡片法也是一种经常会用到的评价方法。其能够对学生在某阶段的音乐学习情况进行跟踪性的记录与评价，有助于音乐教师对学生的音乐学习状态和音乐学习状况等进行较为全面、客观的把握，也有助于学生明确自己在音乐学习方面的优势与不足，继而在发挥优势、弥补不足的基础上，提高音乐学习的积极性和主动性，不断提到自己的音乐艺术修养。

在运用学习卡片法进行音乐教学评价时，音乐记录卡片的内容和设计以课堂音乐学习为主，也可兼收学生课外音乐活动的内容，设计好栏目使其具有简便、分类清楚、容易操作、容易评价且容易保存等特点。此外，学习卡片上的内容要涉及学生的一般信息、演唱、演奏、音乐创作及音乐活动的记录，时间、地点及学习变化的记录等内容。

（6）音乐学习手册评价法

在高中音乐教学评价中，音乐学习手册法也是一种不可忽视的评价方法。借助这种评价方法，既可以对学生在某一学习阶段的音乐学习总体情况进行把握，也可以为学生今后学习音乐和参与音乐提供一定的条件基础。

一般而言，音乐学习手册的内容应以各个阶段活动或成果的记录为主，记载各阶段音乐评价的数据和评语，最终形成对学生音乐生活总体式鼓励性的评价。此外，在音乐教学评价中运用音乐学习手册法时，要注意将学生在家庭和社会音乐活动中的表现纳入评价内容，以便对学生的音乐学习和运用情况等进行全方位的把握,为学生的全面健康发展奠定重要的基础。

4. 音乐教学评价的实施

在实施高中音乐教学评价时,必须要做好以下工作。

(1)制定科学的音乐教学评价方案

科学的音乐教学评价方案,对于高中音乐的教学评价实施具有重要的指导意义,而且会影响到音乐教学评价实施的效果。因此,在制定音乐教学评价方案时,要确保其科学性和可操作性

(2)制定合理的音乐教学评价指标

高中音乐教学评价指标的制定情况,会对音乐教学评价的实施效果产生重要的影响。因此,制定合理的音乐教学评价指标是十分必要的。音乐教学评价指标的制定,必须以音乐教学评价目标为依据。在制定音乐教学评价指标时,要确保指标的客观性、系统性和可操作性时,要充分考虑到音乐教学的实际情况及音乐教育事业的发展趋势。

(3)选择恰当的音乐教学评价方法

音乐教学评价目标、音乐教学评价指标等不同,所适用的音乐教学评价方法也会有一定的差异。因此,在具体实施高中音乐教学评价时,根据学生掌握知识的情况、学习内容、形式、时间、环境等诸多因素来恰当地选择音乐教学评价方法是十分重要的。在当前,音乐教学评价已经形成了很多较为有效的评价方法,如观察评价法、表演评价法、测验评价法等。此外,还应该积极探索新的音乐教学评价方法,对音乐事业发展有积极作用

(4)及时更新音乐教学评价价值观

高中音乐教学评价的价值观,会对音乐教学评价的实施产生重要的制约。在实施音乐教学评价的过程中,要注意及时更新音乐教学评价的价值观,树立更加全面的评价价值观,端正评价主体和客体的思想观念,以便最终的评价结果能够与音乐教学的实际相符合,为音乐教师工作的顺利开展发挥积极的作用。

第二节 创新理念下的高中音乐教学

一、高中音乐教学理念的创新

（一）音乐与思想教育相结合

作为一名高中音乐教育工作者，应对音乐的教学目标有明确的认识，对教学方法有新颖的构思，对教学内容有独特的见解，并始终对音乐教育事业充满热情和信念，才能在自己的专业领域做出成绩，从而实现自身价值和社会价值。树立崇高的理想追求，能够帮助教师产生强烈的责任感和使命感，成就教育理想和目标。音乐教师在教学中发现一种现象：大多数学生在教育理论类这种理论课程的课堂上积极性不高，不愿意深入学习，甚至不学。这种现象产生的原因主要有两方面：一方面是不够了解教育类课程，对课程的设置存在质疑；另一方面是没有形成良好的学习品质。

很多学生只是将自己的专业当成一个必须完成的任务，而缺少对教育理想的认识和追求。音乐教育类的课程是培养学生教育理想的重要载体，也对教师人才的培养起到非常重要的作用。所以，学生需要重视这类课程的学习。学生的学习动力来自压力，压力包括内在的需要产生的压力和由外在的要求产生的压力。由内在的需要产生的压力来自兴趣和困惑，以及对知识的渴望、品质和能力的提高。而培养优秀的品质能够帮助学生明白学习的目的和意义，增加投入音乐教育事业的决心和奋斗目标。而且优秀的学习品质是形成伟大的教育理想的前提条件。所以，要想学生拥有崇高的教育理想，就要先培养学生的优秀学习品质。

在实际的高中教学中，应该潜移默化地进行音乐教育品质的培养。音乐教育学理论课程的教学目标制定，应该包括学生教育理想的树立。在课程设计上，同一时间段教授音乐教学法和音乐课程与教学论两门课程，这两门课程一起教学效果显著,并用同样的方法作用在课外实践中,如教学技能竞赛和音乐教育课程的小组讨论活动,潜移默化地加强教育理想的引导。在实际课堂教学中,把培养学生的优秀品质放在重要位置。这样的教学设计能够帮助学生了解音乐教育的历史和现状,理解音乐教育学课程的设计理念,掌握学科背景和基本概念,将教育理想的萌芽种在学生心中。

怀有理想的教育,教学才不会单纯是一份工作,教学目标才会更加明确。尤其是对于音乐教育,教育理想更加重要。音乐教育的受众虽然是人,但是真正面向的是人心。表面上音乐教育与其他课程教育没有不同,教授乐理知识、专业技能和鉴赏能力等,实际上音乐教育是对人心灵的塑造、性情的培养和情感的启迪。与外形的改造不同,心灵的塑造更加重要,也更加困难。因此,需要教师具有崇高的教学理想,并在教育方法上投入更大的精力。

音乐教育学课程主要是通过分析、讨论的方式进行思考和研究,培养和塑造人。理想的塑造在一定程度上依靠外界环境,包括教师的教导,但主要因素是让他们依靠自己的思考,经过分析、比较、思索、批判和认同的过程,形成自己独特的思想理念和追求目标。

音乐教育学课程属于教育体系中艺术教育学的特殊领域。学生在音乐教育学课堂上接触到的知识能帮助他们理解和运用其他学科的内容,如音乐课程与教学论中的概念、原理和案例,音乐教学法中的教学方法。同时,在其他课程如教育学、美学、心理学、史学、音乐技能等中学到的内容,也能使他们对教育的本质和意义具有更深入的理解,并修正自身的教育思想。在音乐教育学堂上,教师要保证学生处于学习和思考的广阔天地中,有助于培养和检验学生的知识技能和教育素养,帮助和激励他们形成自己正确的教育理想。

(二)音乐艺术教学的提高

1. 精心设计教学,激发学生兴趣

激发学生的学习兴趣是教学成功的基础,这就要求教师精心设计教学。以听觉训练为例,它是音乐的入门训练,传统和常用的音乐听觉训练方法从单音开始训练，学生对于这样方式的训练不感兴趣，觉得枯燥、单一。教师可以通过游戏活动或比赛对抗的方式训练听觉，将枯燥的训练模式趣味化，对他们的注意力、反应能力、节奏感、肢体协调能力，以及与人协作能力的提高都有显著的效果，从而提高学生的音乐综合素质。

2. 进行创作教学，激发学生潜能

创作教学是高中音乐课程改革中的新要求，音乐创作能开发学生的想象力和潜能。不是创作就要出精品，许多音乐作曲家都是经过长久而艰苦的努力才能创作出广为流传的作品，注重的不是学生最后产出的成果，而是创作的过程，并让学生在这个过程中体会并享受到创作的乐趣，消除对创作的畏惧，培养创作的兴趣，体验成功的喜悦。

第一，通过具体的音乐作品（最好是学生熟悉的作品）来学习创作的基本知识和规则，同时播放作品让学生体会。[①]

第二，引导学生进行循序渐进的创作，培养学生的创作兴趣和创作欲望。作为创作的引领者，教师要引导学生从微小的创作开始慢慢向自由创作前进，如从旋律填空开始做起，再到按节奏创作旋律、旋律改编、为音乐命名、用3～5个音创作等。

第三，无论作品好坏，教师都应将学生创作出来的作品演奏出来，并给予评价和指导，这会给予学生创作信心，增加创作的兴趣和热情，通过这种方式，大家可以相互交流、讨论，并互相学习。

第四，若将学生分成不同的小组进行创作活动，总有个别学生不能与小组其他成员和谐相处，对其他人的创作不认同，进而不愿与他们进行合作，面对这种现象，教师应注意观察并及时发现，加以引导。

第五，对学生的创作加以赞美和鼓励。教师的言行对学生的影响很大，不能轻易批评和否定学生的创作作品，以免学生产生负面情绪，对学生的创作要及时鼓励。从音乐的特性角度来看，创作没有一个统一的评价标准，也不应该是固定的一种形式。不能因其创作的作品不符合要求，就予以否定，只要加以引导，学生早晚会创作出好的作品。国家和社会也十分重视和肯定

---

① 张爱民. 谈音乐教学思维创新与应用 [J]. 大舞台，2011（03）：176-177.

学生的创作，如举办学生音乐节，邀请学生参加音乐创作栏目。所以，创作教学对音乐艺术的发展起着重要作用，而音乐教学手段的多样化培养了更多的音乐人才，为学生的发展提供了广阔的空间。

3.选择教学内容，提高教学效果

第一，科学合理地选择教学内容可以提高教学效果。在高中音乐课堂中，会经常看到一些现象，教师将很多教学内容放在一堂课上讲，导致时间非常紧张，教学节奏很快，看似环环相扣，实则没有重点，在学生没有充分理解和消化的时候，又要接受新的知识内容。若是将一个音乐作品放在课堂上分析，它本身包含的内容很多，需要讲解的含义也很多，而时间又有限，因此根本无法将所有内容在一节课中全部讲完，必须有取有舍，重点内容重点讲，了解内容一带而过。如果能做到详略得当，教师和学生都可以减轻压力，教学效果也会更好。

第二，技能训练与教学相融合的技能是通过长时间刻苦的练习所达成的一种能力。音乐技能也是如此。音乐技能训练是一门重要的高中音乐课程，不可能通过一节课或一个学期的学习就能完成训练，需要学生持之以恒地进行练习。而部分教师认为技能训练在所有课程中最为重要，就占用了大量的时间进行训练。技能可以让音乐表达得更加生动、完美，但它的实现离不开音乐，如果将音乐和技能训练分开进行，就失去了训练的初衷。因此，在技能训练加入音乐感受，在感受音乐时训练技能，这样的融合方式能达到事半功倍的效果。

二、高中音乐教学模式的创新

教育变革是教育发展的必经之路，从教育理念的革新到教学模式的转变，都是为了进行更好的教育，培养出更多的人才，促进社会的发展。传统的高中教学模式以知识传授为主，它可以使学生快速获得所要求的知识与技能，却不能将创新意识和能力教给学生。而新型的教学模式以探索为主，教师以引导者的身份促进学生的自我学习和探索，有利于培养创造性思维和创新精神，而创新正是现代社会缺少和需要的。为了使学生能更好地掌握知识、发展创新能力，把他们培养成综合人才，音乐教师必须重视对教学模式的改革和创新。

（一）亲身参与体验教学的过程

听觉是人类感知外界环境的重要途径，它也可以获取信息，并将信息进行分析和理解。训练听觉思维不能仅靠听觉器官，还应协调运用多种感官。首先，听觉思维与视觉思维相结合。所有的视觉信息都能加入到音乐听觉思维训练中，如图画、文字，同时加入与音乐相关的视觉信息（如乐谱）也是有好处的。例如，教师弹奏一首乐曲，学生用耳朵听声音，用眼睛看乐谱，这样可以加深学生对音乐的想象，活跃思维，帮助提高学生的音乐听觉思维。其次，听觉思维与视觉形象相结合。视觉形象主要有乐队的演奏视频、专业的舞蹈视频等，这些视觉形象对训练音乐听觉思维是有益的。但是在选择视觉形象时，应当注意的是不要选用带有故事情节和夸张动作的画面和视频，这样反而会分散学生的注意力，适得其反。最后，听觉思维与动觉思维相结合。音乐具有律动性，听音乐时经常会不自觉地跟着音乐舞动。所以将听与唱、奏结合，或与形体动作结合，可以提高音乐听觉思维能力。

（二）完善音乐课程的评价体系

1. 转变音乐评价的方式

高中教育评价是对所学的课程进行总结的一种方式。通常情况下，教育评价可以理解为通过一定的教育价值观的指导，根据规定的教育目标，灵活地采取一些科学的手段和方法，经过系统的信息采集、资料分析和整理等环节，对教育活动、教育过程和教育结果进行一定的判断。音乐的教育评价是一种特殊的评价，它是对评价对象的音乐价值进行的情感评价。在教学过程中，音乐教育评价直接影响音乐教育活动的开展，如影响音乐教育政策的制定、音乐教学活动的实施、社会各界包括学生本身对音乐教育的态度等，它是整个教学活动中不可或缺的一环。换言之，音乐教学评价关系着整个音乐教育活动的好坏。

2. 完善课程评价的制度

教师在教育改革的计划与实施中起到重要作用，高中课程改革对教师而言具有一定的难度，尤其是一些年长的教师，他们必须熟悉新的课程目标、课程内容、教学方法和教学工具等。优秀的教师是培养高素质人才的前提条件。在课程改革中，教学不再注重知识的讲授，而要引导学生形成自主的学习能力，完成从被动学习到主动学习的转变。这就要求教师能够根据自己的思想和理念，参与课程的开发决策、实践、评价等活动，一方面作为课程实施者传递信息，另一方面作为研制者重构、开发课程，这为教师的专业发展提供了广阔的空间。

教师在课程改革中起到关键作用，教师的专业化水平关系到课程改革能否成功。教师要学会反思，反思课程实施的问题和成效、课程内容的选择等。教师在反思中不断地优化和丰富课程；同时，教师也在反思中不断地积累知识和经验，在反思教学的过程中不断成熟。课程评价在课程改革中处于重要地位，是教学活动中一个不可或缺的环节，是衡量和提升教学效果、提高教学质量的标准和手段。

3. 重视评价的持续发展

（1）日常评价与最终评价相结合

音乐教育的教师数量有限，一个课堂的学生数量众多，而且课时十分有限，单独留给老师进行全面评价的时间不多。因此，教学评价可以与教学过程同步进行，每节课可采用观察、提问、讨论等方式进行日常的形成性评价，随时观察学生的表现。

（2）口头评价和书面评价相结合

教师评价应自始至终伴随在课堂教学的每一个环节中。对于有出色表现的学生，不仅要口头表扬，还可以有书面的评价。

（3）教师评价与学生相互评价相结合

学生的相互评价，可以减轻学生的心理负担，增加对评价的重视程度，培养学生对工作认真负责的态度。评价他人也是提高自己的过程。

（4）课内评价与课外评价相结合

对课外实践活动进行评价，并与课内评价相结合，可以更加全面地认识和评价学生，增强学生的学习兴趣，使他们在学习过程中体验到学习的乐趣和成功的喜悦。

三、高中音乐教学内容的创新

中国戏曲是中华民族的传统文化瑰宝，进入 21 世纪以来，普通高中音乐新课标将中国戏曲列入了音乐教学大纲，为保护和传承包括昆曲、京剧、越剧等在内的传统戏曲搭建了重要平台。"人音版"高中音乐教材《音乐与戏剧表演》模块、"上音版"高中音乐教材《音乐与戏剧》模块，分别从"欣赏""知识""拓展与探究""实践""曲谱"五个方面，以及"作品欣赏""实践活动""拓展思考"三个方面向广大教师提出了教学要求。在实践中发现，由于"专业不对口"，很多教师"冷落"了该内容，戏曲教学少有人问津。笔者通过多年实践，感觉到昆曲、越剧、京剧等戏曲课在教学方法、路径和技巧方面存在着许多相通之处。要顺利完成高中戏曲课的教学任务，关键是要把握好教学目标的设定、教学内容的充实、教学方法的创新三个重要环节。

（一）立体设定，立意高远

教学目标是教学的灵魂，规定着教与学的方向和进程。对任何一节音乐课来说，确定一个恰切的教学目标尤为重要，对高中《音乐与戏剧表演》模块的戏曲课而言，更是如此。结合新课标教学大纲的要求，对高中戏曲课首先会设定两方面目标：总体目标和具体目标。

高中戏曲课的总体教学目标应该着眼于戏曲文化，通过丰富多彩的教学，使学生在参与、感受、体验中提升艺术素质，提高审美情趣，在对戏曲文化内涵的理解中培养文化自觉，形成对戏曲文化的认同感、自豪感，在戏曲音乐、文化的浸润下健康成长。

高中戏曲课的具体教学目标设定，要围绕《义务教育音乐课程标准》颁布的新课标理念，力求以从 2001 年版的"双基"（基础知识、基本技能）

到 2011 年版的"三维"（情感态度与价值观、过程与方法、知识与技能）再到 2017 年版的"音乐学科核心素养"中的"新三维"（审美感知、艺术表现、文化理解）等内容作为教学导向。

（1）通过教学，学生能比较熟练地演唱或跟琴学唱一小段戏曲，能初步认识了解戏曲独特的文学、音乐和表演等特征。通过教学，让学生认识到作为世界古老戏剧文化起源之一的中国戏曲，它重要的历史地位、文化内涵和艺术价值。

（2）充分了解学情，从学生实际出发，创造性地选择、运用一切音乐手段（钢琴、多媒体、音乐要素、文学手段）去化解教学戏曲课中的难点，化难为易、化繁为简，让戏曲课堂教学轻松、愉快。

（3）通过教学，引导学生领会戏曲之美，让戏曲在学生心中生根；通过教学，让学生体会传统艺术之美，认识传承传统文化的重要作用；通过教学，实践素质教育。

这三个方面的目标相辅相成，循序渐进。既传授戏曲知识，又要解读戏曲魅力；既要赏析戏曲选段，又要学习戏曲唱腔；既要提升学生艺术素养，又要引导学生认识保护、传承优秀传统文化的意义。

一些学校即使开设了戏曲课，也多半局限于讲一下知识、听几个唱段，而未能做进一步的尝试。如此，对于教师来说是简单了，但对于学生来说会觉得戏曲课索然无味，导致课上无精打采、效果不彰。为此，唯有从一个较高的层面设定教学目标并努力去达成，戏曲课才能实现其价值，才能让学生受益，使教师自身得到提升。

（二）精选内容，突出重点

教学内容是教学的躯体，承载着教与学的主要信息。教学内容合理与否，对教学目标的达成和教学效果的实现起着重要的作用。

应该说，戏曲课的教学取材面很广，新课标教材对其也没有详细的规定。如何对其进行取舍，裁定合适的内容，夯实课堂教学的基础，是对教师功力的又一个考验。以笔者所上的戏曲课为例，这些课的教学内容主要包括由"知识""价值""学唱""欣赏"等四个部分构成的一个比较完整的内容体系。其中"知识"以各戏曲的发展脉络、重要阶段和代表人物为线索,对戏曲的起源、发展、高潮或衰落的过程进行梳理和讲解,在这个过程中穿插介绍各阶段的代表人物、代表作品,较为准确地传达关于戏曲的主要信息。对戏曲"价值"的阐释则以各戏曲的突出成就和影响评价为线索,比如昆曲,笔者选取了"百戏之祖""三百年前的国剧""家家收拾起,户户不提防""戏曲百花园里的一枝幽兰""人类口述与非物质遗产代表作"等含金量很高的称谓和描述,对昆曲的价值进行提炼和概括,突出了昆曲的价值。上述两部分的课时内容,用最少的篇幅完成了对戏曲的知识性描述,在学生心中塑造了戏曲的初步形象。

通常,笔者将课时的主要篇幅用于戏曲片段的"欣赏"和"学唱",这是高中戏曲课堂教学的重点,更是实现课时目标的关键。笔者认为,只有通过欣赏和突出学唱的感性教学,才能让学生感受到戏曲之美,才能树立起戏曲血肉丰满的立体形象,才能让学生认识到保护和传承优秀传统文化的意义。

然而,"欣赏"和"学唱"教学在实践过程中有一定的难度。

(1) 音准、节奏问题

戏曲从唱腔音乐特点来说,具有极强的抒情性和形象性特征,这也决定了戏曲曲调的丰富性和多样性,故在旋律中,纯四度、纯五度、小六度、大六度、小七度、大七度等大跳音程和连续大跳的音程关系非常多见,大跳和连续大跳音程就是一个音准难点。至于戏曲的节奏,有的戏曲,如昆曲,由于速度非常缓慢,会导致学生对节奏缺少感觉而比较难以把握。而更为复杂和无法详述的问题是关于戏曲音乐的另一个独特的"内在节奏"的问题。戏曲音乐最高的美学价值就是其独特的韵味,韵味的具体体现就包含了对节奏的拿捏。节奏和旋律一样,都可以表达细腻的思想感情,只有对戏曲音乐的内在节奏有敏锐的感悟(或许就是通常所说的乐感),才会对其外在节奏有更具体和准确的表现。所以,把握细致入微的节奏变化,对把握、体现戏曲音乐、唱腔有真正的极为重要的意义。然而,这种感觉却无法说明,也不能简单地找出其规律,套用那句老话——只可意会,不可言传。

（2）语言、发音问题

戏曲多诞生在农村，因此其语言、发音首先是建立在方言的基础上的。比如昆曲，具有"诗一般的语言"（吴侬软语）基础，这样使得许多音乐教师、学生在学唱戏曲时会受到方言因素的局限、困扰。

（3）咬字、吐字问题

戏曲演唱十分讲究咬字、吐字，"依字行腔""字正腔圆""韵味浓厚"是其最美准则，这也是学习者最难解决的一个问题。

唱是学生的天性，对于戏曲教学来说，更是"开口为王"。所谓"不到园林，怎知春色如许"，只有让学生亲自开口吟唱一番，学生才会对戏曲真正有所体会、有所认识和有所感悟。因此，困难再大，教师也要开口教，学生也要开口学。攻克上述难点，是教学的重中之重，决定着课堂教学能否顺利有效地实施。

（三）找准定位，创新教法

要攻克上述难点，非一日之功。对于绝大多数高中音乐教师来说，戏曲是一个陌生的领域。在这种情况下，教师一方面要加强戏曲知识的积累，加强戏曲技能的训练；另一方面，普通高中戏曲教学应从自身实际出发探索适合的教学手段和方法。

为此，普通高中戏曲教学要准确定位。首先，本课题的实施主体之一是高中音乐教师，而不是专业戏曲教师或戏曲专业演员，而高中音乐教师的专业是音乐学，缺乏戏曲的专业训练。其次，本课题的实施对象是普通高中学生，而不是专业戏曲院校的学生，绝大部分高中学生对戏曲基本上是不唱、不听、不看的"三不学生"。

基于以上两个方面的实际，普通高中戏曲课堂教学的方式、方法、手段（包括教和学两个方面）应允许呈现有别于民间或业余音乐的特色；在戏曲课堂教学中应尽可能减少对戏曲专业素养的过度依赖，而从音乐教师的音乐专业素养中寻求戏曲课堂教学的技术支撑；要以音乐为本，从音乐出发，调用一切音乐手段，切入、展开对戏曲的教学。

1. 用钢琴解决音准、节奏的问题

戏曲音乐特征丰富复杂，有的节奏紧凑，声调遒劲朴实，有的节奏舒缓，声调细腻委婉，有的五声，有的七声……教学中不管遇到怎样的音准、节奏问题，借助弹奏钢琴，即可迎刃而解。

2. 用普通话解决语言、发音的问题

关于戏曲的舞台语音，教学中除了模仿之外，也可先选择用普通话的发音取代它，当学会或熟悉了曲调之后，再追求本色，追求字正腔圆和戏曲美唱，应该会轻松自如很多。

3. 用"反切拆字法""现代汉语知识"解决昆曲等戏曲的咬字、吐字问题

大部分汉字都由声母和韵母两部分组成，汉字的发音规则是声母和韵母的拼读、连读。所谓"反切拆字法"，即把每一个汉字的发音拆成"头、腹、尾"三部分，如"想"（xiang）字，就可以拆成"西—衣—央"三个字，唱这一个"想"字，需要唱"西""衣""央"三个字才算完整、完善。现代汉语将汉字的发声分为四至五个声调，即阴平、阳平、上声、去声和入声，每个汉字都可以用现代汉语拼音书写，有的字音素很多，有的则很少，大部分汉字的读音都由声母和韵母两部分组成。教师要善于从这些学生已掌握了的汉语知识着手，发现其与方言之间的关系，努力寻找突破点。

高中戏曲课堂教学是一个长期的过程，需要广大音乐教师不断坚持，在坚持中逐步进步、逐步掌握戏曲并心领神会，只要肯坚持，戏曲教学定会在高中校园中盛放。

第三节　素质教育下的高中音乐教学

一、素质教育下的高中音乐教学目的

一般的高中音乐教学，通常遵循这样的步骤进行：由国家、省市和学校制定教学大纲和教学计划，编订教材，设计教学方法，并通过个人或集体备课与讨论，针对具体授课写出教案，然后进行课堂教学。最后通过检查、考试，主要以分数为标志，对学生的学习成绩做出评定，这些构成教学的主要环节彼此关联，并力图为同一个目的服务，即有目的、有计划地培养学生。但这样的做法和过程是否科学、是否能保证教学质量，达到确实能培养学生的音乐素质和能力的目标，值得研究。

（一）音乐教育中的素质教学及效能

素质可以从三个范畴来分析和界定：①智力。智力包括知识、理解和见解三个层面。②情绪。情绪包括对音乐的喜爱、感受和体验三个方面。③精神运动学的作为，即受精神感应支配下进行的动作和作为。具体运用于音乐这一学科，可以理解为：智力是对音乐有基本的、比较全面的认知能力；情感是能从情感上遵循音乐艺术和音乐学科的规律，去接受、鉴赏和审美音乐；精神运动学的作为是能在心理和精神的控制下，通过实际的技能操作，进行音乐的演唱、演奏、作曲。因此，可将音乐素质细化为以下三个方面。

（1）"知"是指人从听觉角度出发对音乐的基本感知能力。换言之，是懂得欣赏音乐，并掌握基本的音乐常识，进而形成对音乐相对完整和正确的认识，并随着音乐文化的积累，能够对音乐作品产生自己的见解。

（2）"能"是指不仅能够凭借人对音乐本能的反应进行音乐欣赏，而且能够在此基础上进行发展和升华，进而获得对音乐更为深刻的体验和审美能力。

（3）"行"是指在生理条件正常的情况下，人天生具有唱歌的能力，在此基础上对天然嗓音进行美化和训练，或是通过学习掌握某种乐器演奏的能力。这种音乐表演不应局限于个人的表演，还应包括参与社会生活中的重唱（奏）、合唱（奏）及其他音乐实践活动。

高中音乐学科方面的培养如何取得较好成果这一问题，一直是教育长期关注的问题。在素质教育的大环境下，学校音乐学科的教育主要在于辅助和加强其他方面的教育，但在具体的教学工作中，则表现为以造就学生为成效体现，即使学生通过学校音乐课程的学习，对音乐学科体系有相对全面的了解，掌握学科相关的基础知识，掌握一定的音乐技能，并提升学生的艺术审美能力，进而获得基本的音乐艺术修养。在此基础上，教师还要对不同的学生进行差异化引导，尽可能满足学生的个人学习需求，尽最大可能使学生的音乐潜力和才能得到充分发挥，使学生通过聆听、演唱、演奏等活动来获得更多的音乐体现，体会到音乐对个人发展的积极意义，只有这样才能够真正培养学生的音乐鉴赏和学习能力，为其终生的艺术修养的不断提升奠定基础。对于学生而言，音乐课程不仅能够丰富其的课外活动，还能够引导其心理的健康发展，使精神生活得到满足，并指引学生向真、善、美的方向不断开拓和发展。

（二）基于素质教育的高中音乐教学目的

根据素质与效能来思考和界定高中音乐教育的教学目的可能会更切合实际。如何在制定教学大纲和计划、方法、教案等一系列教学环节的过程中明确教学目的，并以此为指导，是一项重大的课题，因为一系列教学环节的根本目的，归根结底在于使学生达到尽可能全面的、具有高度和深度的学习目的，并使教师能确实保证完成这样的任务。

学习目的可以分为三个层次，即具体的目的、一般的目的、方向性的目的。还可以分为四个层次：指导性的目的，即基本法；方向性的目的，即一般的学科学习目的；粗略的目的，即特殊的学科学习目的；细致的目的，即课时的目的。这样比较全面、科学和细致的层次划分，有助于深入研讨教学目的。

只有将学习和教育两个方面结合起来进行思考，才能够对教育现象进行全面的研究。随着时代的发展，现代教育学越来越强调学生的主体地位。这种观点虽然具有一定的先进性，但过分强调学生的主体性，忽视教师对学生的引导作用，也会产生许多负面影响。在汉语中，"教学"一词便充分说明了教与学二者之间不可分割的关系，这便足以引发人们对教育问题的思考。

在中华传统文化观和价值观的影响下，教师的主导地位在教学过程中更加突出，其合理性在于对教师主导因素与决定作用的肯定，但不足之处在于低估了学生在学习方面的主动性发展。因此，要研究教学的目的，必须要从教和学两个方面同时着手，进而使其成为真正的教学活动，同时也能够促进教学目标的统一。

学校教学的根本目的在于培养国家需要的人才。学校教育是一个民族进行国民音乐教育中起重要作用的部分。国民的音乐文化素质培养主要取决于学校的音乐教育。学校音乐教学是实践造就国民音乐素质这一战略目标的主要场所和手段。因此，有必要进行学校音乐教学的改革发展，使学校音乐教学成为一门全面的、具有高度艺术性和科学性的学科和课程。同时，还必须建设完整的、高质量的教材，并培养出足够质量和数量的音乐教师，由他们运用具有实效的方式方法去进行教学实践。需要特别注意的是，教师在落实教学的各个环节时，必须注重教与学两方面的落实，注重协调学生主体性和教师引导性在教学过程中的作用。只有在这样的前提下，才可能进一步明确学校音乐教学的层层教学目的。

二、素质教育下的高中音乐教学内容

（一）音乐知识教学

1. 音乐知识教学的意义

（1）音乐基础教育的重要组成部分

音乐尽管是听觉上的艺术，但其要保存和流传必然需要用乐谱进行记录。此外，对音乐的理解不能永远停留在情感体验上。因为许多优秀的作曲，其价值体现在作曲家的逻辑思维和哲思表达方面。所以，要引导学生将欣赏音乐转换为自身生活的一部分，要真正教会学生理解音乐，而理解音乐的前提就是掌握一定的音乐基础知识，包括识谱能力、音乐作品分析能力和音乐情感及风格辨别能力。音乐在高中生生活中所扮演的角色，在很大程度上有赖于他们在音乐创造、表演、欣赏中所获取的知识和技能水平。水平越高，对音乐的创造力、表现力、鉴定力则越高。只凭"口传心授"去学习音乐，其局限性很大，不符合提高学生能力的要求。

（2）学生终身独立学习音乐的阶石

音乐艺术具有非语义性、非自然性、非确定性、非对应性等复杂因素，因此音乐的鉴赏必须建立在一定的艺术修养基础上，这也就是音乐是人类共同的财富，却只有一部分人能够真正从音乐中获得享受的原因。换言之，在鉴赏音乐作品时，作品中包含的所有元素都是整部作品中不可缺少的一部分，所以在对任何一个作品部分进行分析时，都不可能脱离全曲的基本框架与文化背景。如果仅从音乐作品中感受到优美的旋律，而没有感受到和声与织体的安排、配器的表现力及音乐形式的独特逻辑，那就不能说对一部作品有了深刻的理解。

2. 音乐知识教学的特点

（1）心智技能与动作技能的双重学习

高中音乐的学习过程也是心智的锻炼过程，其通过音响效果、文字语言、乐谱符合等在大脑中进行思维活动，逐渐形成一定的印象概念。学生仅了解音乐基础知识是不够的，还必须拥有利用音乐基础知识进行实践活动的能力，包括记谱能力、识谱视唱能力、音乐表演能力、音乐创作能力，以及音乐鉴赏和评论能力等。在这些音乐能力中，不仅包括了技术性能力，还包括了心智方面的能力，当人们努力完成这些音乐实践活动时，通常需要手脑并用，并同时调动听觉和视觉系统进行感知，而在这一过程中，无疑对人的心智和动作提出了极高的要求。

（2）通过音乐表演活动得以展现

高中音乐表演活动一般要经过这样的心理过程：第一步，学生获取音乐信息。首先从听觉直接获取，或借助视觉识谱获取，将正确的感受反映到大脑意识中；其次是背谱，依靠大脑记忆将音乐信息存储在大脑意识中心。第二步，大脑意识中心处理器官利用已知的音乐知识、乐谱知识等对音乐信息进行加工处理。第三步，加工后的音乐信息用演唱、演奏或记谱等形式表现出来。第四步，听觉反馈，判断、调整、修正演唱、演奏、记谱等行为。

音乐基础知识学习的过程必须在教师的指导下进行，否则极容易产生错误见解或养成不良的演奏习惯。学生在进行音乐基础知识和技能学习时，必须要反复钻研并不断强化正确的记忆，充分进行视觉、听觉及肢体运动感觉间的练习，进而培养正确的"动力定型"。

（二）音乐鉴赏教学

1. 音乐鉴赏教学的意义

（1）提升学生艺术修养

音乐鉴赏是指，通过聆听音乐作品，从中获取美好的感受和深刻的心灵感悟。音乐鉴赏既是一种审美、娱乐活动，又是一种学习活动。就音乐实践活动本身来看，鉴赏音乐更多属于接受环节，既是音乐创造和表演的出发点，也是音乐作品的归宿。在进行高中音乐欣赏的过程中，同样也使其实现了潜在的社会功能。所以，音乐鉴赏活动是由音乐家和听众共同完成的活动，展现了音乐教学和听众之间交流的动态过程。鉴赏音乐的过程不仅能够鉴赏音乐的表演，还要能够反映出欣赏者鉴赏水平的高低，对促进音乐创作和表演、提升听众审美能力和个人修养都有一定的积极意义。

（2）提升学生音乐理解能力

音乐的鉴赏能力必须通过科学的培养才能够逐步提升。所以，要想提升全民音乐鉴赏能力，就必须从学校基础教育开始，对学生的听觉能力和习惯进行培养和塑造。尽管音乐是全人类共同的精神财富，但随着音乐文化的发展，其文化与精神内涵越来越高深，所以如果不进行学习，便无法对这种文化进行感知。面对同一作品，音乐欣赏者由于其个人鉴赏能力存在差异，因此所感知到的信息也存在差异。

一些听众能够直接从音响进行的过程中感受到情绪上的愉悦和精神上的快感，还能够对美感进行恰当的评判；一些听众则能够对音乐作品所表达的内容进行深入分析，并得出具有逻辑性的结论；还有一些听众更习惯鉴赏表演者的表演风格，并对不同表演者的发挥状态给出中肯的评价。因此，不同的鉴赏者，首先就其鉴赏的出发点是各有不同的；其次，由于不同人的文化背景、教育背景、审美经验等存在差异，其在鉴赏能力方面也是不同的。一些鉴赏者由于本身具有深厚的文化艺术功底，因此能够对作品进行内容的剖析，而一些文化素质相对不高的听众，则只能从音乐中感受到生理上的快感。对于学校而言，音乐教育的目的就是尽可能提升学生的音乐感悟和理解能力，培养学生良好的音乐鉴赏习惯，帮助学生从音乐作品中获得更多的快乐和精神上的享受。

高中生要想获得"音乐的耳朵"，就必须接受音乐鉴赏教育。这种教育不仅是听辨能力的训练，更是对学生感受力、甄别力、观察力、思维能力的培养。学生调动自己的感知能力，可以感受自然环境中带来的一切律动，这些感受都能够带给学生丰富的生活体验。而将这些生活体验带入对艺术作品的鉴赏，则会产生对作品的深刻理解，进而使音响对人的影响上升到思想道德层面，并获得精神上的享受。

（3）提升学生文化素养

高中生由于平时课业压力较大，没有充足的时间亲身参与各种课外活动。因此，音乐鉴赏的教育便要通过音乐的形式来补充学生在这方面的缺失。学生在面临不同地域、不同文化背景的音乐作品时，就如同亲身经历了那些文化的发展，亲身到不同的地区感受当地的文化与风俗。这对学生开阔视野、提升文化素质有着极大的帮助。

音乐鉴赏类课程有着题材广、体裁多、容量大、方法灵活的特点。在此类课程当中，教师将知识渗透到音乐作品当中，并以音乐为载体，让学生快速对这些知识进行消化。音乐艺术属于文化的重要组成部分，因此其发展离不开与各种文化进行交流的过程，也正因此，音乐学科与其他学科存在着广泛的联系。

第四章 高中音乐教育教学体系构建

2. 音乐鉴赏教学的特点

（1）音乐鉴赏过程具有主观色彩

音乐鉴赏的过程不仅是听众与艺术家精神交流的过程，更是一个主观思维的过程。这一点主要取决于音乐艺术本身具有的抽象性和信息传达的模糊性。当然，在进行创作时，艺术家的思维本身也具有一定的模糊性，因此音乐作品在表达情感的过程中，必然会带动听众产生自己的情感，而不同听众由于自身人生经历的不同，其在特定的作品感染下所产生的主观思维和情感体验也有差异。

此外，站在听众的角度而言，不同的人在性别、年龄、生活环境、文化圈、个人素质等各方面都有差别，因此其听到同一首作品后产生的内心情绪波动自然也会有差别。这种差别就属于鉴赏音乐时的临场心态的差别，其会在相当大的程度上影响听众对音乐作品的理解。

（2）音乐鉴赏学习具有情感效应

音乐对人的作用是多方位的，因此能够对听众产生生理、心理的双重效应，也将其称为音乐的情感效应。当听众的内心被音乐作品触动后，在精神层面便可与音乐作品融为一体，进入忘我的状态。在这种状态下，音乐作品中所蕴含的深刻的哲思与情感，就会最大限度地转化为听众的个人体验。

在生活中有多种因素都能够诱发人的情感效应。具体而言，首先，情感信息的认同心理，即听众本身的思想情感与音乐作品所表达的思想情感相吻合，此时听众就很容易对该音乐作品产生认同心理；其次，音乐作品中所传递的情感信息在一定程度上能够被听众接受；再次，音乐作品中附加的情感信息正好与听众的某种生活经历相符合；最后，音乐声场群体效应，即当许多人聚集在同一环境聆听同一音乐作品时，由于现场许多人产生了某种强烈的情绪，进而引发群体情感信息的连锁反应，此时听众便会感受到单独聆听该作品时所无法感受到的一种情绪。

（3）音乐欣赏是一种综合动态活动

高中音乐欣赏是一种综合动态活动，主要包括以下阶段。

首先，音乐审美直觉阶段。音乐审美直觉是审美活动最主要的特征。音乐审美直觉是指欣赏者必须通过亲身聆听音响，直接接受音乐信息，从中获得直观的审美感受。在此阶段中最活跃的因素是音乐审美注意和感知。审美注意是指审美心理活动对一定审美对象的指向和集中，也可被理解为审美心理发生过程的一种动力性特征。而审美期待则是在该动力特征的影响下产生的一种对美感的追求，紧接着，审美主体便会从精神层面进入一种兴奋状态，进而从日常生活状态转化为审美态度。

其次，音乐审美体验阶段。音乐欣赏者此时处于一种主动状态，是一种积极的再创造活动。想象、联想和情感在欣赏审美体验的过程中发挥着重要作用。音乐本身是一种听觉上的抽象形态，这一形态要在人脑海中转化为具体的形象，必然要依靠欣赏进行自主的联想和想象，实现这一形象转化的途径包含以下几个方面：

第一，根据作品的内容来揣摩作曲家的创作意图，并根据音乐作品的暗示来建立脑海中的艺术形象，这种方式是建立在原作品表达出的信息的基础上的，因此听众自主发散思维的程度较低。

第二，在原作品展现出的内容基础上增添听众自己的独特感受，这种想象必然要从作品中找寻与听众自身生活经验相联系的地方，进而在此基础上展开深度思考。

第三，以音乐作品的情境诱发欣赏者自由想象。这种自由想象是在对乐曲的音响感知和情感体验中产生的，因此欣赏活动包含欣赏者的创造性。

最后，音乐审美升华阶段，即对审美直觉进行升华，进而实现听众与作品间灵魂层面的融合，并追求一种"忘我"的状态。在这一状态下，听众会从音乐作品中产生强烈的共鸣并发生顿悟，进而获得更为开阔的思维体验和审美享受。

（三）音乐创作教学

1. 音乐创作教学的意义

音乐创作的教学对象首先是具有一定音乐基础知识的学生，只有学生在掌握了基本的音乐基础知识，并具有一定的音乐鉴赏能力后，才能够在教师的指导下完成音乐的创作实践。在这一教学中，核心目标是发挥学生的创造性才能。通常可以将人的创造性分为两种，即特殊才能的创造性和自我实现的创造性。所谓特殊才能创造性，就是指那些在科学、艺术等领域有着卓越贡献且具有创造性的人才；而自我实现创造性则是指每个人都能够通过努力而实现自我价值的能力，但这两种不同的创造力并非绝对的，在特定的条件下可以相互转换。

例如，在某一领域中，通过不断积累自我实现创造性，最终便会获得特殊才能的创造性。而教育的过程就是对这两种创造性进行启发的过程。对于普通学校的音乐教育而言，由于其教学最终目的是实现素质教育，因此相对更偏向于对"自我实现的创造性"的启发和培养。

发展创造思维能力，增长创造的实践能力是音乐创作学习与教学的出发点和归宿。音乐创作教学的设置是培养全面发展人才的需要，是建设发展的需要，是参与世界竞争的需要。音乐创作学习也是学生获得音乐知识与技能的重要途径。学生在对相关音乐知识有一定了解之后，还需要学习运用这些音乐表现手段来实现内心情感的外化体现。通过学习音乐创作，学生便能够将以往学到的音乐知识运用到实践中去，并在实践的过程中不断巩固这些知识，不断提高自身技能。

2. 音乐创作教学的特点

音乐创作的学习与教学是发展、完善创造性思维的学习。高中音乐创作学习中学生的创造性思维与音乐家的创造性思维在本质上是一致的，只不过存在水平与是否专业的差异。音乐创作学习过程是体验音乐创作心理的过程。音乐创作的教学应该注重学生对创作过程的体验。因为对于学生而言，进行音乐创作学习的目的并非培养未来的作曲家，而是通过创作活动发展学生的创新能力，并提升学生对音乐作品的理解力和感悟力。

音乐创作活动需要经历一个复杂的准备阶段，这个准备阶段包括搜集音响材料、酝酿情感、对音乐元素组织进行加工、概括音乐形象、构建作品结构等。对于学生而言，在进行音乐创作时，首先要确定创作的意图，即要表达某种思想情感，传递信息；其次，根据基本意图选定一种音乐体裁和表现方式；再次，要想方设法强化情感的体验，此时教师要充分启发学生进行艺术上的联想和创造，并要求他们将自己的情感体验转化为音响形态进行表达。

音乐的创作灵感实际上是一种顿悟过程。音乐创作学习与教学中要抓住学生在创作中通过苦想冥思最后寻找到较为满意、较为理想的音乐创作形式时的心理状态并加以总结。要让他们认识到，音乐的灵感是艰难的创造性劳动结果。要想有好的音乐创作必须要有坚持不懈的努力，要磨炼自己的意志。

学生要运用之前学习到的各种音乐知识，将心中的音乐转化为乐谱，并对写出来的乐谱进行反复修改加工。精加工的过程，也是学生检验自己音乐知识学习成果的过程。此外，音乐创作的教学也要兼顾即兴创作和表演的教学。这种即兴的创作不必经过长时间的准备，但在创作的过程中依然能够使学生的综合音乐能力有所提升。此外，创作中实验的各种组合形式、各种人声和乐器的音色组合效果等，都充分表明音乐创作加工过程是感知、验证音响的过程，是学习音乐知识的过程，是学习音乐表演的过程，也是评价自我和他人音乐创作及音乐表演的过程。

（四）音乐表演教学

1. 音乐表演教学的意义

（1）学生参与音乐活动的基本形式

在高中，歌唱教学是音乐表演的重要内容。在歌唱教学的基础上，可根据不同学校的教学条件，适当增加器乐演奏的教学。乐器演奏的教学包括学生的独奏教学和多位学生共同合作的合奏教学。乐器的表现力极为丰富，且不同乐器所具有的独特风格与音色是人声无法模拟的。大多数乐器都拥有宽广的音域，因此能够带领人们探索更为广阔的音乐世界，这些是人声无法企及的。

（2）学生接受音乐教育的最佳途径

音乐的最终形态必然是以表演的形式展现的，而音乐表演也是整个音乐

第四章 高中音乐教育教学体系构建

实践活动中最具魅力的、最有艺术价值和娱乐价值的重要环节。因此，从音乐的表演实践入手进行学习，是音乐学习的最佳途径。通常在学校音乐教育中，歌唱是最主要的教学方式。这一现象主要是由学校教学条件和可实行性决定的。但也要认识到忽视器乐教学对学生的音乐学习也是一种缺失。尤其对于一些嗓音条件较差的学生，如果仅对其进行歌唱教学，这将会极大地打击他们的学习积极性。歌唱本来只是音乐艺术中的一部分，除了歌唱，还有更多的音乐形式绽放着无与伦比的光彩。所以，在有条件的情况下，教师要尽量多向学生介绍各种各样的乐器和器乐作品，帮助学生拓宽视野。

2. 音乐表演教学的特点

（1）音乐表演教学是再创造活动

音乐乐谱是对音乐内容的记录，如果仅以乐谱的形式存在，则称不上是音乐。而要让其真正转换为音乐，就必须通过表演来实现。音乐表演是一种二度的创作，因为任何一位表演者都无法成为作曲家的代言人，他们通过表演活动在向观众介绍作曲家的作品时，也会借此机会展现自己的艺术才华，并向观众表达自己对这部作品的理解。所以，尽管音乐表演的二度创作受到音乐作品的制约，但表演者也能够充分发挥个人的主动性。无论是对作品的风格、流派、技巧进行合理的展示，还是将自己对作品产生的独特理解表现出来，都可以成为音乐表演的重点之一。

（2）音乐表演教学过程具有独特性和综合性

高中音乐表演教学过程不仅要学习音乐演奏技法，更要学习音乐的表达方式和对音乐作品的分析与理解。只有深入探讨音乐作品中的潜在意蕴，才能够真正获得审美上的体验，并获得音乐思维的锻炼。而要进行一场优秀的音乐表演，对作品的全方位分析和理解也是必要的前提。另外，音乐表演者在对音乐作品产生深刻理解后，还需要通过自己精湛的表演技巧，将音乐作品从纸张上的符号转化为具有生命的音乐，并注入自己的内心感受和情感体验。这也是沟通听众与作曲家的重要中间环节。

三、素质教育下的高中音乐审美意识

（一）和谐性、情绪及熟悉性与音乐反应

1. 和谐性与音乐反应

和谐性对音乐反应有着极大的影响，一部音乐作品所展现出的和谐性程度，主要受两方面影响：一是其客观的和谐程度；二是听者主观上音乐和谐性的期望程度，以及对不和谐性的接受程度。具体而言，构成音乐和谐性的因素有很多，包括其音响上的和谐效果和作品所表现的内容、情感等方面的和谐程度。而听众对音乐和谐性所做出的反应，则体现在生理和心理两个方面。

音本身可分为噪音和乐音两种，其分类主要依据音波的振动规律。当音波振动具有周期性时，所产生的便是乐音，其给人的听觉感受也较为舒适；当音波振动呈不规则状态时，所产生的声音就属于噪音，其给人的听觉感受则较为痛苦。如碰铃、三角铁的音较高，锣、大鼓的音较低；又如打击乐器的音较悦耳，而枪炮、电锯、电刨等发出的声音则较刺耳，原因主要涉及音色问题。音色是人耳对音波波形的反应，人对振动波形较规则的音会感到较悦耳。其实内耳分析音色和谐波与上述分析和音的机制是近似的，虽然所有噪音的振动波形都不规则，但波形特别杂乱无章的音，加上音高、音强可能已接近或超出阈限，便尤其使人感觉刺耳。当内耳分析工作太困难时，听觉感受器及脑神经和皮层组织甚至会受到损伤。无论如何，悦耳和刺耳这两个词，已反映出人在生理、心理上的和谐与不和谐感受。

音强，即声音的响度，通常而言，能让人产生舒适感的音强区间大致为 $40 \sim 90$ dB，即标准管弦乐队中，演奏很弱（pp）到很强（ff）乐段的音量。通常低于 20 dB 的声音，人类则很难察觉到，而到 120 dB 时，就已经达到人耳所能承受的极限。如果当音强达到 140 dB，人耳便不会再有听觉感受，而是产生明显的压痛感。如果人类长时间处于听觉响度阈限之外或阈限的两端，也就是长期处于寂静无声的环境或超过 100 dB 的音响环境，都会给人带来不良的情绪反应和心理负担，尤其是长期处于超过 100 dB 的音响环境下，人耳会受到一定程度的损伤。还有速度、节拍、节奏等，也存在人的生理、心理是否和谐的问题。正常情况下人的脉搏为一分钟 60～100 次，粗略算来就是音乐中行板到中板的速度，亦即情绪比较平和的乐段速度。

2. 情绪与音乐反应

音乐艺术作为一种感情艺术，其必然对听众造成不同程度的情绪影响。这种情绪上的变化主要来自两个方面：一是从音乐作品中直接汲取的情绪状态；二是被音乐作品激发出来的个人情绪状态。

（1）音乐情绪的积极性、消极性与和谐

一般而言，积极性情感有益于身心健康，可谓之和谐；消极性情感不利于身心健康，可谓之不和谐。这对于音乐情绪情感大体上也适用，表现积极性情绪情感的音乐能诱发、强化人内在的积极性情绪情感，也能弱化人的消极性情绪情感，还能使人的情绪情感从原来的消极性逐步向积极性转化。同样，表现消极性情绪情感的音乐作品也可能起相反的作用。①

（2）音乐情绪的强度、延续性与和谐

当人的内心处于较为平静的状态时，通常更喜欢聆听欢快、积极的音乐，但有时人们也会喜欢一些低强度的具有消极情绪的音乐作品。因为一些具有少量消极成分的音乐作品也能够引起人们情感上的共鸣。此外，还有一些作品虽然其中包含的消极情绪程度较高，甚至展现出悲痛万分的情绪色彩，但在音乐进行到一定程度后，又会迸发出积极的情绪，两种情绪相互交织、相互抵消，就像是万分愁苦的矛盾逐渐得到了解决，最终使人的心绪归于平静。此类作品包含着更为深厚的哲学思想，需要有一定的文化艺术修养才能够深刻体会到其中的意味。

一些受到高度欢迎的音乐作品，尽管情绪情感方面有点不和谐，音响方面却大都较和谐，旋律、音色等都很美。可见，当低强度的消极情绪情感融入高程度的总体和谐之中时，不像高强度的消极情绪情感那样会对总体和谐产生负面影响，而只是给和谐增加一点色彩的对比，会使其更丰满，表现力更丰富，受到听者的欢迎。

---

① 王刚，王莹. 论素质教育背景下音乐教育教学模式的改革 [J]. 教育与职业，2010（09）：114-116.

3. 熟悉性与音乐反应

当人反复聆听某一音乐作品，或是反复聆听某一风格的音乐作品后，便会较为准确地把握该首作品或此类作品的特征，进而获得音乐的熟悉性反应。用实验美学方法得出的、表现熟悉与喜爱之间关系的倒"U"形理论就是这方面的重要成果之一。倒U函数又称倒U曲线，即在纵轴为"喜爱"、横轴为"熟悉／时间"的坐标上的一条抛物线。当欣赏者对音乐作品达到中等的熟悉程度时，喜爱程度相对较高，而在很陌生和很熟悉的两种极端状态下，喜爱程度相对较低。

站在信息论相关理论的角度来看，一定的冗余度是接收音乐信息的基本条件。这里的冗余度即对音乐作品的熟悉度，其对立面是不确定性，冗余度（熟悉程度）越低，不确定性越高；反之亦然。当听众具有一定的冗余度时，就意味着该听众对某一作品有一定程度的了解和鉴赏能力，此时该听众便会对该作品产生一定的期待值。当聆听该作品时，听众的期待便会得到满足，同时该音乐的不确定性便降低。在这一过程中，听众会怀着主动的态度接收音乐信息，且音乐信息的接收效率较高。如果冗余度过高，或是由于冗余度过低而导致不确定性过高，则必然会导致听众对欣赏音乐失去兴趣，或是失去音乐期待，或是无法产生音乐期待。此时音乐的信息接收效率便会大幅度降低。

（二）音乐作品的客观与主观复杂性

复杂性在此指音乐作品（技术层面）在听者主观上的复杂程度，它与音乐刺激的结构相关，是影响音乐反应的另一重要变量，并与熟悉性有相互牵制的作用。音乐作品在听者主观上的复杂程度是因人而异、因时而异的，既取决于音乐作品的客观复杂性，又取决于听者的音乐修养水平、所受音乐教育类别乃至音乐趣味等多方面的因素，还受到音乐和谐性、熟悉性的影响。

1. 音乐作品的客观复杂性

音乐作品的客观复杂性，一般可由构成作品的音乐材料的多或少、繁或简、深或浅，以及篇幅、体裁规模的大或小来决定，音乐材料指旋律、节奏、和声、复调、曲式、配器等。例如，通常交响曲和大合唱比重奏、重唱复杂，重奏和重唱比独奏、独唱复杂；同为独奏、独唱，奏鸣曲、艺术歌曲又比特性小品、民歌复杂。又如，在各种音乐材料的组织结构及发展变化方面有着深远历史传承的艺术音乐，其复杂性一般要高于以轻松、时尚、易感为特征的通俗音乐。但需要注意的是，上述提到的这些因素，主要是以西方音乐体系为参照得出的。如果面对东方音乐或是其他民族音乐，这些因素则可能无法适用。所以，在探讨音乐作品的客观复杂性时，也不可忽视这些文化上的因素。

2.音乐作品的主观复杂性

听者在主观感受上对音乐作品复杂程度的判断，除了与音乐作品的客观复杂程度有关之外，还受多方面的影响。不宜把它仅与听者所受的学校音乐教育程度等同，因为学校音乐教育只是提高音乐修养水平的途径之一，其他的途径还有很多，如课余音乐学习，家庭、地区音乐环境，同伴、群体及传媒的影响，等等。此外，人们所接受的音乐的种类、风格不同，会导致形成不同的音乐趣味、偏好，人们对自己趣味、偏好范围内的音乐表现出较高的修养水平，那是有目的地熟悉、用心研究的结果。可见，听者音乐修养水平确实在很大程度上影响其对音乐作品复杂性的主观判断。但是听者音乐修养水平的高低不是绝对的，是相对于各不同种类、风格的音乐作品而言的。

（三）音乐反应规律促进审美意识建构

要探讨音乐反应与音乐审美意识的建构，必然要将研究重点放在对音乐审美趣味的分析上。音乐的审美趣味就是逐渐形成于大量音乐反应的积累之上的一种品质。人们只要形成了属于自己的审美趣味，这种趣味便会在潜意识层面影响人对审美对象的筛选。这种筛选主要体现在对音乐风格、内容、形式等方面的追求。这种现象十分正常，因为任何一个人不可能同时对所有种类、所有风格、所有艺术程度的作品都感兴趣，只有对符合其个人审美趣味的作品才能够产生高度的敏感。

影响音乐审美趣味的因素有很多，包括音乐环境的熏陶、特定的个性发展等，这些因素使人在音乐感受方面获得了新的突破，产生了偏好性的发展，进而获得某一领域体验和鉴赏能力的发展。音乐和谐、熟悉、复杂效应对人的音乐反应有着直接的、重大的影响,它对人的音乐审美趣味的形成也间接地起了不可忽略的作用。

四、素质教育下的高中音乐听觉感知

(一)音高、音区与音程的感知

从物理学角度而言,音高是由声音的振动频率决定的。音波在单位时间内振动的次数越多,其每次振动所需的时间就越短,而表现出来的声音也就越高;同理,音波在单位时间内振动的次数越少,其每次振动所需的时间就越长,自然表现出来的声音就越低。

音区是粗略的音高区别,并不是明确的音高标准。广义上,每个人对乐音音区的高、中、低都会有一个大致的概念。当然,这一概念的形成是和人的音乐经历及所处的音乐环境相关的。虽然经历、环境有别,但人对音区高、低的感觉一般不会相差太远。而在狭义上,任何一件乐器、一组乐器、一个乐队,又或是人声的音域,都可以大致划分出各自的高、中、低音区来,这种音区只是相对一个特定音域而言的,如小字组的 g 音是小提琴的最低音,因此对于小提琴或女声声部的音域而言,这个音及其上方八度内的若干个音肯定都属于低音区。但是这些音在钢琴上、在整个人的声音音域里却属于中音区,而对于大提琴或男低音而言,这些就是高音区的音。

音程能够反映出两个音之间的距离,进而表现出不同的声音色彩和感受。通常,两个音之间的距离以度数和大、小、纯、增、减等性质来进行表述,其计算单位为全音或半音的音数。可将音程大致分为两类:一类是旋律音程,即能够反映出前后两个音发出时音高之间的距离;另一类是和声音程,其中的两个音是同时发声的,能够反映出两个音之间的距离感和协和程度。

乐音由于其本身振动具有一定的规律性,因此能够给人带来精神上的愉悦感。所以乐音音高能够引发人们对审美经验的回忆,并引起人们对美好事物或美好情感的联想。例如,淳厚的低音能够带给人稳定感和厚重感,令人想到庄严肃穆的景象；而明亮的高音则带给人开朗和喜悦之感，令人联想到风铃的摇动等景象。

1. 唱名法与音高的感知

唱名是乐音音高的语音代码。一套唱名体系和乐音体系形成固定的联系之后，乐音的音高就可以通过唱名这个载体来表现，唱名体系反映了乐音体系中各音组、音级之间的音高关系。唱名 do、re、mi、fa、sol、la、si，可以代表七个基本音级，也可以代表与七个基本音级有相同音高关系的、在任何音高水平上的七个音，即在根本上，唱名是首调的、可动的，固定唱名法只是后来发展出来的一个分支。

在首调中的七个自然音级之外，其他的变化音级本身没有独立的唱名。但随着音乐作品内容的不断丰富和表现力的不断提升，变化音的使用越来越普遍，尤其在固定唱名法诞生之后，许多人认为如果还用原来自然音的唱名唱变化音，在一定程度上会对音准的把握产生影响，所以有一些人也开始给变化音设定独立的唱名。

2. 绝对音高感与相对音高感的感知

（1）绝对音高感的感知

对于大多数人而言，在没有接受过专业音乐听力训练之前，很少有人拥有绝对音高感。这些拥有绝对音高感的人能够不借助乐器就对任何一个音的音高进行辨别，也能够将任何一个指定音名的音高唱出来。

（2）相对音高感的感知

具有相对音高感的人无法独立把固定的音名与唱名准确地联系在一起，也就是不能凭空唱出一个固定的音高，必须依赖有固定音高的乐器或音叉等。但他们在听觉上较熟悉构成常规音高体系的全音、半音及各种自然音程，而且对常规音高体系有一个整体的感知，因此他们只需要一个"支点"，即可以在任何一个给定的音高上，迅速地构建起相关的调性音高体系。

理论上而言，如果掌握了有关的基本乐理知识，经过一定的训练便可以依据给定音与其他各种调性的主音音程（包括变化音程）找到有关主音，唱出所有调性音阶及其旋律。即以不同音高（不同的调）唱同一调式音阶、同一旋律，只是音高水平变了，音阶、旋律内部的结构没有变，因此人能够感知到同一音阶、旋律。

"准绝对音高感"这一概念也经常被人们提起，这是一种介于绝对音高感与相对音高感的听觉能力。例如，一些西洋管弦乐团的职业演奏者，由于他们每次排练和演出之前都要调试乐器，并以 A 音 440 Hz 为标准音，长此以往，就会形成对 A 音的绝对音高感。此外，还有一些歌唱家，他们十分清楚自己嗓音所能达到的最高音和最低音，或者对某个音的演唱状态感受深刻，都会相应地形成绝对音高感。

（3）绝对音高感、相对音高感与音乐实践

拥有相对音高感的人，能够熟练运用首调唱名进行视唱，但如果未经过特别的训练，他们无法自如地用固定唱名进行乐谱的视唱。这就是一些从小学习钢琴的学生，后来接触到中国民族乐器时，如果没有音高参照则很难独立调音的原因。其实，固定唱名与首调感觉之间的相互转换本质上是两种音乐思维的过渡。一些人为了能够熟练运用两种音乐思维，用死记硬背的方法记忆音高；还有一些人则从旋律、调性特征等方面入手，探寻其中的规律。

此外，一些具有较为丰富的乐器演奏经验的人，会以键盘的位置或弓弦乐器的把位、指法等为中介进行音乐思维的转换。无论哪种方式，只要能够促进两种音乐思维相互转换就都是可取的。但这一训练过程相当有难度，且必须通过大量实践，不断重复，才能够在转换的速度和准确度方面取得进步。但在传统的做法上，固定唱名的训练多围绕各种音程的熟练构建进行，理由是解决了这一点，转换唱名就只是从不同的音出发而已。但是，相对音高感的感知模式是先整体后局部、以整体统帅局部，因此在训练音程构建的同时，也需要从整体的调性音阶、和弦、旋律等方面着手，通过一段时间的熟悉，在常用调性的音高结构与固定唱名之间从感觉上建立起较为固定的联系。

（二）节拍与速度的感知

1. 节拍的感知

音乐节奏要服从一定的节拍组织。常用的感知音乐节拍的方法，其要点是通过听觉抓住节拍重音,以指挥图式为辅助手段。节拍是音乐体裁的特点之一。进行曲、加沃特是二拍子,一强一弱;而圆舞曲、小步舞曲是三拍子,强—弱—弱;塔兰台拉舞曲、威尼斯船歌则是八六拍子,强—弱—弱—次强—弱—弱等。不过,同样是三拍子的玛祖卡和波兰舞曲,玛祖卡会变成弱—强—弱或者弱—弱—强,波兰舞曲则被称为三拍子的进行曲。可见节拍与体裁虽然有较为固定的关系,但并非一成不变;节拍虽然有循环重复的强弱规律,但若舞蹈动作、歌词语气等有需要,也可以灵活更改。

2. 速度的感知

速度与节奏、节拍一样是音乐中不可缺少的要素,脱离了速度,节奏、节拍、旋律乃至音乐整体的表现力就无法很好地体现。从人的生理角度看,音乐中的行板到中板与人的正常脉动节律相吻合。从音乐情绪情感表现的角度看,一般而言,中等的速度多与表情术语中的优美与柔和联系在一起。其实,很多常用的速度标记本身已经包含了一定的情绪情感表现。

在西方,巴洛克时期到古典主义时期,节拍机尚未问世,对当时的人而言,快慢是相对而言的,速度标记词语的含义不是一分钟有多少个几分音符,而是一种情绪情感表现的特征。在这段时间中,西方音乐中的情绪情感表现常是类型化的,表现手法上有一套专门的音乐语汇,人们自然能够领会速度标记所暗示的这些情绪情感特征。

随着时间的推移,节拍机的发明为速度标记带来了便利,随之音乐表现越来越趋向个性化、多样化,作曲家(诠释者)为了创作的意图能更准确地被领会,于是写上速度标记,加上表情术语,再标上使用节拍机的绝对速度。因为虽然节拍机上也有相应的速度标记,但如果有两首乐曲同样是快板,一首以八分音符为主,另一首却以十六分音符为主,即节奏密度不同,那么如果都用一分钟132个四分音符的绝对速度,其效果将相差很远,所以需要做出调整,并在谱上标明,这一方面反映了人们很重视速度在音乐表现上的作用,另一方面也说明速度并不是为了约束音乐,其核心是音乐表现。

从音乐教学的角度看,把握速度方面最基础的能力,是在歌唱、奏乐中保持匀速。这一能力的培养,从初始阶段歌唱时跟着拍子拍手开始,逐步地,能跟着集体一起，或跟着伴奏琴声，或看着老师的指挥以匀速歌唱，在音乐实践和欣赏中建立起匀速感，最终能独自以匀速歌唱、奏乐。教学中可利用休止的训练作为强化的方法，还可以设计默唱的游戏，即唱第一句，默唱第二句，接唱第三句。

（三）音量与音色的感知

1. 音量的感知

音量是除了音高、音长之外的另一种音乐基本要素。音量又被称为音强、力度、响度，取决于音波振动的幅度及其对人耳鼓膜的作用。一般而言，在音乐作品中，音量的大小经常与人的情绪情感表现有关。常见表示强弱程度的音量有很强、强、中强、中弱、弱、很弱等，偶尔也有极强、极弱等，还有各种延续时间及增长、减缓速度不同的渐强、渐弱等，配合着旋律、和声、曲式等共同起作用。对于音量，不仅要能感知其强弱层次，更要能感知其表现的内容。

对音乐中音量的感知是建立在一定的生理、心理基础上的。随着音乐力度的变化，人的呼吸、心律、血压都会相应发生变化。就生理反应而言，人们大体上的感觉是趋向一致的，在情绪情感强度方面大体也是一致的。而具体的心理反应、感情内容则因人而异，因具体作品中其他音乐要素的共同作用而异。在音乐中，强的音量常传达一种强烈的情绪情感。中等的音量表现人们较温和或较深沉的情绪情感。弱的音量既可传达特别宁静的心境，也可以反映一种深藏心底的强烈情感。

音量的渐强、渐弱具有较强的表情作用，它能在人的生理、心理上造成某种紧张度的加强和减弱，使人产生情绪情感的波动。而渐强、渐弱延续时间的长短、变化幅度的大小很重要，若延续时间不长，强弱变化幅度也不大，多与小幅度的情绪情感波动有关；若延续时间不长，但强弱变化幅度较大，多与情绪情感突然有较大的变化、发展有关；若延续时间长，强弱变化幅度也较大，多表现出情感从平和到强烈（渐强），或从炽热到冷静（渐弱）的发展过程，这种渐强常被作为形成作品高潮的一种手段，而在乐曲的结尾，这种渐强、渐弱都很常用。

2. 音色的感知

音色是人对音波波形的反映。每个基音及其泛音列结合在一起发声时，分别具有特质，而这种声音特质就是音色。人们可以听声音分辨出不同的人、不同的乐器，主要原因就是每个人和每件乐器都有自己独特的音色。万物之音皆有色，只是在人的生理上具有要求音色纯美的自然倾向，因此人类在音乐中使用的主要是那些音色悦耳的声音，而且总是力图使乐声趋向完美。音乐史上乐器制造技术及演奏技巧和人声演唱方法的不断改进、不断发展，使音色日益富有魅力，这就是追求和努力的结果，这种追求和努力还将继续下去。

音色是一个复杂的概念，首先，构成音色的物理成分复杂；其次，人耳对音色的感觉、分辨过程复杂；最后，音色感觉有复杂的心理成分，情绪心态上的差别、听觉适应上的差别、文化素养与教育上的差别、年龄性别上的差别等，形成了不同的主观评定。因此，任何音色作用于不同的人时，所引起的感觉也是不同或者不确定的。一般而言，音色的特性包括以下两点。

（1）乐音所含的泛音中，靠近基音的那些较强，即泛音频率是基音频率的2倍、3倍、4倍的那些泛音音量较大，而高频区的泛音则很弱。这样的乐音使人感觉纯净、透明，如长笛、箫、管风琴等乐器，以及花腔女高音的音色。

（2）乐音所含的泛音中，在相当远离基音的高频率区有一些较强的共振峰，而这些共振峰彼此之间，以及距离基音的远近不同，则分别赋予了音色的不同性格：有的性格鲜明、突出，如双簧管、小号、弦乐高音区及人声高音区等；有的性格温暖、柔和，如弦乐与人声的中音区与低音区、圆号等。体鸣乐器的整体震动与部分震动叠加在一起，它们的频率比例关系大多数不符合自然泛音列的结构，并非自然数，而是随机的、复杂的，因而是相互不协和的。这些音色使人感觉坚硬、不确定，如锣、钹、镲、大鼓、小军鼓等，不同的音色具有不同的表现性能。

有关音色感知的教学，可以融入游戏及奏乐等音乐活动中，贯穿基础教育阶段音乐教学的全过程，由浅入深，积少成多，不能操之过急。感性经验需积累到一定的程度才能上升到理解，学生生活经验少、懂的知识浅，所以仅凭听觉让他们感知音色是不够的，要让他们看看发声器物的样子，以及发声的过程。

（四）旋律、调性与曲式的感知

1. 旋律的感知

旋律又称曲调，是基本元素音高和节奏合成的有机体。在诸多音乐表现手段中，旋律特别重要、不可或缺。旋律是单声部音乐的主体，也是多声部音乐的主要声部，还可以构成音乐作品的核心，即主题。当然，在实际的音乐作品及其表演中，旋律也不可能脱离调式、调性、速度、音量、音色等多种因素的配合。

旋律是音乐塑造美、表现客观事物，以及传情达意的主要手段。旋律的基础是旋律音程，而不是单音。而且，一连串的旋律音程在节奏、节拍的组织下形成的旋律线，以其运动形态、状貌给人以美感，同时也可以模拟、表现客观事物的运动状态，还可以模拟、表现人的情绪情感活动状态，使人在生理、心理上对音乐产生共鸣。旋律线的这些表现特征在轮廓上还与节奏、速度的配合情况有关，而细节上也与旋律进行的类型有关。

2. 调性的感知

调性指调式类别及调式主音的音高位置。调式是旋律的一种组织形式，调式规定了旋律各音之间相对的一种动静关系、倾向与被倾向的关系。主音是最稳定的音，其他音则分别呈现为相对稳定或不稳定。一般若调式不同，则主音也不同；即使主音相同，音与音之间的动静关系也不同。不同的调性呈现出不同的音结构。

用参与创作的形式让学生给未完成的旋律段落填结束音，是感知调式、调性的最好方法。填上主音得到最强的结束感，填上其他稳定音则得到相对的稳定感，如果填的是不稳定音，旋律就没有结束感，停不住。通过唱、听对比，抽象的定义变得具体易感。只有在特定的历史阶段和地域范围，由于一些调式的使用与特定的音域音区、节奏节拍、特定的体裁及旋律风格有着较为固定的联系，其色彩色调及表情功能才会特别具体而固定。

调性顾名思义是调的性质，换言之调的性质一方面取决于调式的常规表现力，另一方面也取决于调高。一般而言，音高水平较高或较低，会相应产生较明快或较沉郁的不同效果。但是，近现代乐器的种类越来越丰富，音乐作品的表演、处理方式越来越自由，乐器、人声和音乐作品的音域都扩展了，同一首歌、乐曲可以用不同的乐器、不同的声部表演，同一个调性可以出现在不同的音域，甚至可以在表演时改变调高，所以调性的表现功能也就变得不那么严谨、肯定了。

在各种表现手段所发挥的作用都在增强时，调性特别是调高的重要性就相对减弱了。可见，调性的作用也是与一定历史时期，主要是西方的巴洛克时期、古典主义时期和浪漫主义时期的音乐风格、表达方式相联系的，必须具体到某一部、某一段精确地规定了表演媒介、形式的作品，如类似C大调交响曲、f小调弦乐四重奏中才会有意义，而且同样的调性在两部不同作品中很可能产生不同的作用。再有就是作曲家或表演者、欣赏者，对调性可能会产生独特的感觉，把各种调性与特定的色彩相联系。但这些个人感受并不具有普遍性。

所以，调性感知的重点应放在调式方面，应在把握调式常规表现功能的基础上，结合具体音乐作品及作品中的具体表现手法，全面而又有针对性地感知调性的特征和作用。

3. 曲式的感知

曲式是旋律乃至整个音乐作品的结构形式。曲式感知需要一个前提，就是音乐曲式的结构逻辑必须与客观事物发展的一般规律、逻辑相吻合，与人的生理与心理活动规律、逻辑及感知经验相吻合，才能使人从心理上产生趋向完形的追求，即对音乐结构完美性的追求。

简言之，曲式的形成有其客观事物的蓝本和美的规律，也有其生理、心理的依据。而对曲式的感知，则可以依据同样的生理、心理依据，去领会、理解结构所反映、所表现的音乐内容，去感受、体验结构所具有的形式美。曲式感知是对音乐作品整体轮廓的把握。从教学的角度看，一定的音乐听觉经验和积累是必需的,在此基础上,还需要掌握曲式相关的概念。因此在音乐教学中,特别是当有关的概念、感受尚处于形成阶段,处在无形与有形之间时,动作、图画等其他艺术形式是传达这些概念、感受的有效媒介。类似的方法适当变通,加上音乐或综合艺术作品的即兴创编等,在年龄较大的学生中教学效果也很好。

(五)复调与和声的织体感知

1. 复调的织体感知

复调音乐是两条到多条旋律线在基本和谐的原则下同时进行构成的。开始时,复调声部之间的节奏是相同的,仅在音高上有对比;后来,声部之间也常出现节奏上的对比,如长音符组成的乐句与短音符组成的乐句的对应,疏密相间、错落有致。听者的注意力容易被以短音符为主、动感较强的声部所吸引,而复调音乐中各旋律声部的重要性不相上下,富于动感的乐句会先后在各声部出没。同时,音量相对较大的主要主题也时而在此声部,时而在彼声部,轮流突出,此起彼伏。所以复调织体大多呈现交织、穿插的状态。

复调有模仿复调和对比复调之分。模仿复调各声部有大致相同的主题旋律,相隔一定的节拍先后依次呈现,声部由少到多,前面声部旋律的尾可能与后来声部旋律的头合到一起,有些声部呈现的主题旋律有调高的变化;对比复调有主要的旋律线,这些旋律线可由不同声部交替呈现出来,主旋律无论在哪一个声部呈现,另一声部都会同时出现与之对比的、相对次要的旋律声部。如果声部达到三四个或更多时,有时会再分组,出现组内声部之间有对比、组与组之间又有对比的局面,较为复杂却仍然有序。

2. 和声的织体感知

和声由和弦及其序进构成。和弦是三个或三个以上的乐音按照一定的法则叠置而成的独立的音组合。从一个和弦到另一个和弦即序进。和声从复调多声部音乐中萌生,最终导致了主调多声部音乐的形成。主调和声音乐风格常以和声衬托主旋律声部,这更符合单声部音乐历史积淀的人类的音乐表达、欣赏习惯。

音响协和的和弦可给人以舒适感、静态感，不协和的和弦则给人以紧张感、动态感。而整体上看，这种静态与动态还是从属于调性作用下的倾向与被倾向、稳定与不稳定关系。如大小调的主和弦、属三和弦和下属三和弦都是性质相同的协和和弦，但属三和弦和下属三和弦的静态只是相对的，因为它们分别从上方和下方纯五度倾向于主和弦，所以又具有动态感。

在调性音乐中，不能脱离功能力度的作用和色彩的效果而只看重协和与不协和、紧张与松弛。如根音成纯四度或纯五度关系的和弦序进是性质相同的两个三和弦的连接，调性功能力度很突出，造成动感、张弛感。主—属—主、主—下属—主，以及主—下属—属—主都是松弛—紧张—松弛的进行，可以完全不涉及不协和和弦。当然，也可以借助不协和和弦增加紧张度，如大调降Ⅵ级音的使用，在Ⅱ级和重属三和弦、七和弦中，它与根音形成减五度二全音，使原来协和的二和弦变得很不协和，原来不协和的七和弦变得更不协和，增强了对属音及属和弦的倾向，也间接推动了向主和弦的进行。

属和弦可以降五音，也可以降九音，还可以升高五音，极不协和的音响加剧了属功能的不稳定，使其向主和弦的解决有更强的驱动，张弛对比更大。而根音成三度关系的和弦序进是两个调性功能大致相同、性质不同的和弦的连接，突出了色彩的变化。在印象派音乐作品中，就有若干个七和弦以二度或三度连续向同一方向进行的例子，这使听者忽略了七和弦的不协和，也没有产生让它解决的期待，只感觉到色彩层次的变化、流动。由于和弦结构及其进行的不同，和声色彩可明朗，可响亮，可浓，可淡，可清，可浊，既可描绘、反映客观事物，也可以表现情绪情感。

主调和声音乐的织体大致可分为全和弦型、半分解与全分解型及混合型。全和弦型织体使主旋律声部变得厚实，音响更丰满，常与较强的力度、气势表现有关；半分解与全分解型织体分开主旋律与伴奏声部，通常伴奏声部是节奏音型化的，给主旋律提供了一个具有流动感及辅助表现力的和声的背景。每种类型织体的具体写法都在一定程度上体现了一个历史阶段的风格特点。如全分解的阿尔贝蒂音型与古典乐派及浪漫前期钢琴音乐的风格相关。但是之后全分解的写法就不同了，和弦外音的加入使音型有了变化，带上一点对位旋律，线条变得柔和。再细致一点，织体音区的使用也可以反映不同时期的风格、不同的个性特征。织体的结构形态与音乐表现力有关。

五、素质教育下的高中音乐教学实施

（一）增强实施素质教育的自觉性

在大环境还不是很理想的时候，高中音乐教师要懂得自珍自爱，树立信心。而其前提是进一步提高对课改、对素质教育的认识，坚定在高中音乐教学中走素质教育之路的信心。

第一，深刻认识素质教育是时代发展的需要，是不可阻挡的潮流。现代社会需要的是复合型人才，需要的是在知识、能力、情感等方面全面发展的现代人，而只有素质教育才能实现这个目标。随着教育改革的深入，随着高考制度的完善，随着中国与世界的全面接轨，素质教育的观念必将为越来越多的学校管理者、越来越多的教师、越来越多的家长和越来越多的学生所接受，素质教育的春天一定会真正到来，它一定会为高中音乐教学创造全新的教学环境和教学氛围。高中音乐教师根本没有必要妄自菲薄，要坚信"机遇只属于有准备的人"；要放远眼光，着眼当前，立足自身，精心准备，为素质教育多贡献一份才智，为未来更激烈的竞争做好准备。

第二，深刻认识高中音乐教学在素质教育中的独特作用。素质教育是一个系统工程，而高中音乐教学无疑是素质教育的一个重要阶段，一个有效的手段，一个不可或缺的方面，在素质教育中有着其他学科不可替代的作用。高中音乐教学是高中阶段实施美育的重要途径，是面向全体学生的必修课程，在高中音乐课程中，通过鉴赏音乐及其他艺术形式的审美活动，使学生充分体验音乐的美和蕴含于其中的丰富情感，为音乐所表达的真善美境界所吸引、所陶醉，进而产生强烈的情绪反应和情感体验，从而促进学生全面地、有个性地发展。更何况高中音乐教学具有良好的、广泛的群众基础，许多学生是喜欢音乐的，只要有好的条件和环境、正确的导向，以及良好规范的教学，高中音乐课一定会受到学生们的欢迎。

第三，深刻认识素质教育的规律。素质教育不是知识教育、技能教育、操作教育，而是一种具有开发性的心理教育、情感教育、意志道德教育和人的整体发展水准教育，是一种世界观、人生观、审美观和价值观的教育，它是指向人的整体的。它与应试教育有着本质的区别。只有深刻认识其内在规律，才能真正认识到自身的价值，才能骄傲地担负起这个过程和这份责任，才有可能会用素质教育的理论来指导自己的音乐教学实践，才能正确面对工作、生活中的成与败、得与失，才能放远眼光，真正做到素质教育。

（二）保证高中音乐教学有序前进

高中音乐新课标对高中音乐教学提出了全新的要求，不可否认，不少音乐教师还为陈旧的教学观念、方法、手段所束缚，对新课标要求下的素质教育还远远不能适应和胜任。新课标要求下的素质教育呼唤着高中音乐教学的创新。

第一，教学目标的创新。在素质教育的总框架中，首先要定位音乐教育的核心，传统和半传统的音乐教学目标比较单一、直线、浅显，教师未能很好地将音乐审美贯穿音乐教学的全过程中，如在大量枯燥的乐理、识谱、节奏、音准等技术性问题的单一学习过程中，必然会使学生丧失对音乐学习的兴趣，这显然不利于学生能力的培养，不利于学生的全面发展。而新课标则以审美为核心，要将以音乐审美为核心的基本理念贯穿音乐教学的全过程，以培养学生对音乐的兴趣、对音乐美的内在体验与追求为手段，达到培养学生良好的情商的目的，在潜移默化中培育学生美好的情操、健全的人格的目的。因此，音乐教师要按照素质教育的总要求，在音乐课的设计和实施过程中清醒地、自觉地对教学目标进行调整，以适应新的形势。

第二，教育观念的创新。传统和半传统的高中音乐课教学有"秉承"文化课教学的"传统"观念，表现在三个方面：一是我教你学；二是师生有别；三是标准答案。而音乐是最活跃、最丰富的，也最需要学生调动自己所有思想感情与人生经历以参与进去进行再创造的学科，其内在精神与传统、半传统教学观念格格不入，这就必然要求教师树立新型的教学观、师生观。教师是教学活动的主导,是学生欣赏音乐的组织者、合作者和引路人,而不是一个对对错、好坏进行裁决的"法官"。学生是教学活动的主体,教师要尊重学生,善于营造民主的、和谐的教学氛围,为学生创设高度自由的、展开想象与创造的环境,保护学生的良好心境和愉悦的情绪,鼓励学生大胆想象,发散思维,允许学生有自己的观点,甚至标新立异。

第三,教学内容的创新。高中音乐的教学内容编排和其他文化课一样,也都是统一编排的教材。目前,部分高中音乐课程共有六个模块:音乐鉴赏、歌唱、演奏、创作、音乐与舞蹈、音乐与戏剧表演,较好地突出了教学的时代性、基础性和选择性。但就目前各校的实际开课课时量来看,根本无法完成和实现上述的教学内容和教学目标。所以,应该提倡每个教师都可以根据各自的实际情况对教材提供的教学内容进行必要的增删、裁剪、组合及系统生成。古话说:"尽信书不如无书。"唯书是从是教师偷懒、缺乏才华、缺乏创造力的表现,也是教学中最忌讳而又最常见的通病,教师不妨在贯彻大纲精神的前提下,结合学生和教师的实际,"量身定制"小教材。

(三)不断提高教师的自身素质

素质教育对教育的目标、教育的观念、教育的内容等都有了全新的、更高的要求,这也必然对音乐教师的素质提出更高的要求。首先,高中音乐教师要有现代气质。视野开阔、思维敏捷、作风民主、兴趣多样、知识广博、活力充沛,这些要素是教师现代气质的核心,具有现代气质的人才会有人格魅力,有人格魅力的教师才会对学生有吸引力,学生才会愿意与她(他)交流,她(他)也才能发挥榜样的力量,对学生产生学生终身的影响。其次,要有创新的品格。具有创新品格的教师总是打破常规、克服保守、开拓进取,总能有所发现、有所创新、有所前进。实践证明,只有这种能启迪智慧的教师,才是学生最喜欢的。再次,要有不竭的激情。从一定意义上说,音乐教育教学过程的根本机制就在于有情感的音乐教师面对有情感的学生。只有激情始终充沛的音乐教师,才能热爱音乐,才能热爱学生,才能享受音乐教学过程中创造的快乐,唯有如此,她(他)的创造才会永不枯竭。最后,要有精深的专业。这是教师驰骋音乐教育教学领域的"轻骑",是引领学生航行于音乐艺术浩瀚之海的快艇,是作为一个高中音乐教师的必备基础。

第四节　生态课堂下的高中音乐教学

一、高中音乐生态课堂的维度

(一)音乐生态课堂的课堂环境

课堂环境包括两个方面:一是教学环境硬件设施;二是自然环境。良好的课堂环境直接影响着学生的音乐情感体验,进而辅助教师教学。良好的课堂环境给学生以外部刺激,客观地满足学生个体的需求,使学生在一个舒适、美观、温馨、宽敞明亮的环境下感受音乐,体验音乐、良好的音乐生态环境会激发学生学习音乐的动机,提升学生学习音乐的兴趣。[①]

(二)音乐生态课堂的教学内容

音乐教材是教师教育教学的基础,教师要基于教材,结合自己实际的教学经验,分析、理解教材的教学内容,使学生有效、充分地理解和接受教学。同时,教师应多与学生进行沟通,了解学生是否对教材内容感兴趣。

(三)音乐生态课堂的教学行为

在音乐课堂教学过程中,为实现教学目标,音乐教师会在自身文化素养和教学经验等因素的影响下,按照教学教育原理的要求,联系教学内容,对课堂教学过程中学生的安排、教学媒介的选择、教学方法等因素进行选择和调配,以强化教学效果。音乐教师会采用多样的教学方法,以使教学内容最大限度地被学生接受、理解。在整个教学活动中,教学行为是教师与学生、

[①] 董云. 从"认知"到"生态":关于当代音乐教学论研究中的思维转向问题 [J]. 艺术百家,2014(04):214-216.

学生与教材的桥梁。

二、高中音乐课程生态化教学实施

(一)掌握生态教育原则,推动生态观念渗透

任何行动都需要观念的指导,在高中音乐生态课堂教学活动中,教育教学观念起着统率和指导的作用。教育、环境和人之间发展的和谐性是生态教育价值观的主要体现,教学教育的价值取向就是在这一价值观的基础上形成的。从这一层面上而言,实施有效的生态型教学模式先要做到的就是保证教育生态价值观的确立。传统主流课堂观与生态课堂观都秉持着生态教育理念,但是它们之间的差异明显。面对当前课程改革的大潮,在具体的教学过程中,必须对这些理念进行宣传和落实,促使教育工作者主动放弃陈旧的教学观念,保证生态化教学不断实现优化。此外,让教师对素质教育的意义、新课改的内容进行逐渐了解和学习是非常有必要的,及时改变传统的教学观念和思想,促进师生生态教育意识的形成,是生态化教学推行的前提和基础。但这也是一个漫长的过程,需要社会多方面的努力。

(二)开展课堂内外活动,构建动态生态课堂

高中生态音乐课程中教师要对学生给予信任,让学生尝试自己去探索发现,让学生学会在实践中学习,自主探索,从而学会构建属于自己的知识框架,而不是只等着老师去教授,在音乐教学中,教师主要是学生的引导者。当学生完成表演之后,音乐教师再次播放这部作品的任何一个片段时,学生都可以轻松地根据音乐的旋律,快速准确地判断出所播放的片段属于整部剧中的哪一部分,并且还可以积极主动地表达出自己对音乐的真实感受和理解。利用这种自主的教学活动,学生可以更加深刻地获得感受和理解,从而帮助提升学生对音乐的兴趣。

第五章　昆曲教学探索与演唱进阶

第一节　昆曲教学初探索

本书依托高中《音乐与戏剧表演》模块教学中《走近昆曲》一课，探讨高中昆曲教学。

一、高度重视，充分准备

只有思想重视，才能下定决心。从音乐教师的职责角度而言，戏曲课既然是新课标的要求，是中学音乐教学的重要组成部分，那么上好戏曲课就是教师的责任所在；从音乐教师的价值实现来说，为戏曲这一宝贵文化遗产的保护传承做一点贡献，是时代对人们的眷顾，也是人们的价值所在。这种来自内心深处的自觉是上好戏曲课的动力之源、恒心之源，正是因为有了这些，教师才有了坚持的信心和恒心。

如果说思想重视是上好戏曲课的前提，那么知识和技能的准备就是其基础。在教授《走近昆曲》之前，很多教师对昆曲不甚了解，也未学过昆曲，对上此课毫无把握。为此，教师要从最基本的做起，钻研昆曲知识和昆曲发展史，读专著，大量地研究论文，同时反复欣赏昆曲《牡丹亭》（青春版）等。在此基础上，将不理解和一知半解的问题一一列出，多次上门向研究昆曲的专家请教。随后，教师要开始学唱昆曲，学发音、学唱腔、学身段，不断进步。经过这一流程，教师不但了解了昆曲，学会了唱曲，还培养了对昆曲的感情。

二、把握关键，精心设计

尽管教师已经具备了开课的条件，但具体如何上好这一课，取得期望中的效果，仍是一个难题。

（一）确定目标

教学目标是教学的灵魂，规定着教与学的方向和进程。作为引领学生"亲近昆曲"的第一课，确定一个恰切的教学目标尤为重要。第一课的教学目标应该定位为激起学生对昆曲的好奇和兴趣，通过精心设计让学生初步认识昆曲、欣赏昆曲、体验昆曲。

为此，在《走近昆曲》一课中，设定的总体教学目标为拉近学生与昆曲的心理距离（"拉近距离"因此成为指导教学设计的关键词）。具体的教学目标是：让学生从总体上了解昆曲的历史地位、人文内涵及艺术价值；了解昆曲语言、语音特征，学习昆曲韵白；学唱《牡丹亭·皂罗袍》片段，引导学生体味昆曲之美。尽管这样的教学目标和教学内容要求有点多，难度有点大，操作起来颇为不易；但是，对于第一堂昆曲课来说，这三个方面对学生了解昆曲都会有所帮助，缺了哪个方面都会感觉不完整，影响到整体的教学效果。

（二）精选素材

《走近昆曲》一课的素材主要来自《牡丹亭》。昆曲《牡丹亭》是明朝文学家、戏剧家汤显祖的代表作，汤显祖在中外文学史上都占有极其重要的地位，被称为"东方的莎士比亚"。昆曲《牡丹亭》不仅在中国传统戏曲中具有重要地位，更是辉耀在世界艺术之林，让后人赞赏不已，它的问世标志着昆曲艺术进入鼎盛时期。教师设定的选材原则是经典、有趣、学生相对熟悉。经典就是能充分体现昆曲的特点、展现其艺术魅力，这样才有说服力；有趣，学生相对熟悉，才能吸引学生尽快进入情绪。把"原来姹紫嫣红开遍"和"春香闹学"分别作为本节课的重点教学内容，是十分合适的。

例如，在"春香闹学"中，随着两声拍板、一句"啊，女学生，昨日上的《毛诗》可温习否？"，抑扬顿挫、韵味十足的昆腔韵白缭绕课堂，学生当即被这几分熟悉、几分陌生的场景吸引。陌生的是舞台上的道具、摆设、人物对话的方式、昆曲的语言语音、节奏腔调等；熟悉的是教室、老师、学生、书本、诗词。春香背诵"关关雎鸠"时一连串生动、幽默的表演，逐步把学生带入戏中。当先生吩咐春香"回去重读"，而春香认为"这样熟，还要读，读个什么吤？"，继而打断先生讲课，问起雎鸠鸟，"这鸟声是怎么叫的？"，而先生反被其干扰至忘我地学起"咕咕"的鸟叫声时，舞台下（视频内）笑声一片，教室里也笑声一片。在会心的笑声中，台上台下、戏里戏外形成共鸣。此时老师提问刚才的第一句念白，学生无拘无束地学着先生的腔调"啊，女学生……"模仿起来。老师不失时机地给予指正，再渗入对昆曲语言语音——"昆山—中州韵"知识点的讲解，一切都在不经意间完成，而且效果出人意料的好。学生观看发生在课堂里的情景，会有亲切感，尽管是发生在古代，他们也不会觉得很陌生。语言简单诙谐，表演生动精彩，不会给学生带来初次接触昆曲的"审美困难"。选择这段纯对白作为第一部分教学内容，更便于由浅入深地教和学。

（三）高效导入

引导学生尽快"入课"，是这一课成功与否的关键因素。只有让学生尽快进入昆曲学习的氛围，教与学才能积极互动，完成教学内容，达成教学目标。《走近昆曲》由于教学内容丰富、教学难度大，尤其需要高效地导入，引导学生迅速集中注意力。通过对教学内容、教学素材的反复斟酌和消化，老师可以设计一个简洁而厚重的方案，以期引起学生重视，引发学生的兴趣，为后面的教学打下较好的基础。具体实践方法为：从京剧切入，有效地缩短学生与昆曲、学生与老师间的距离。比如，可以从"同学们是否看过戏？""是否听说过一些戏曲名称？"这样的简单互动开始上课，在以上两个话题的小讨论中，一般会出现一些像越剧、黄梅戏、沪剧等大家比较熟悉的剧种名，也有可能会说到昆曲，而能够肯定的是不管何时何地，一定会有学生说到京剧，这时老师抓住时机向学生发问，"京剧是什么""国粹是什么""京剧的祖师爷是谁",甚或可以试问"京剧和昆曲是否有什么关系"等,至于具体问题如何选择,可视进展情况做灵活安排。而京剧和昆曲的比较一经展开,其实就意味着已经翻开了本课的"第一页"。然后,教师围绕京剧与昆曲在历史地位、人文内涵、艺术价值等方面做精要阐述,以强调京剧堪称现在的"国剧",但昆曲是三百年前的"国剧""百戏之祖""戏曲百花园里的一枝幽兰",在世界首批十九项"人类口头和非物质遗产代表作"中赫然位列榜首,其在三百年前所达到的"家家收拾起,户户不提防"的普及程度,可以说远超今天的京剧甚至流行歌曲,和今天人们对昆曲的了解、喜好有着天壤之别。接下来,教师对昆曲之所以是"百戏之祖"的两大理由("年龄大、辈分长""遗传基因")做简要说明。继而,借伟大人物的妙喻"一枝幽兰"来继续引证。最后,以"昆曲艺术的历史文化价值已得到当今世界的公认,昆曲将在新世纪再度绽放异彩的盛况"作结。如此层层堆积、摆事实、讲理由,使课堂导入简洁而厚重,虽未"亲密接触",却已在学生的心头播下了种子,让学生感受到昆曲的力量,留下深刻的印象。

这样导入效率很高:从学生相对熟悉的京剧切入,能拉近学生的心理距离;大量重要、权威的信息在短时间内爆炸式呈现,能吸引学生的注意和重视;用于导入的内容本身又是教学的重点之一,使教学的逻辑性更强,环节更加紧凑。至此,教学有了一个良好的起步。

(四)巧妙转场

学唱昆曲是《走近昆曲》一课的重点,只有让学生开口念一念、唱一唱,才能让学生真正从心底里感受到昆曲之美。然而,"昆曲中的韵白,虽不似唱词可以伴以音乐,但它的出字收韵、轻重缓急和唱字并无二致";念白"虽不是曲,却要美听","昆剧念白也讲究平仄,要做到情意婉转、音调铿锵"(王骥德《曲律》)。正是由于这种高度委婉曲致的特点,要从知识了解、唱段欣赏阶段转入学念、学唱阶段,让学生开口,并非易事。

在教学中,老师可以先口述杜丽娘十六岁才第一次有机会到后花园的情节,随即提出一个问题:"同学们想一想,有生以来第一次到后花园,看到美丽的春色,杜丽娘会说什么?"这个提问让课堂气氛马上活跃起来,学生七嘴八舌,纷纷说出自己想象中的"台词"。在学生表达之后,老师以一句"那么杜丽娘究竟是怎么说的呢?让我们来听一听"收束。紧接着让学生欣赏《牡丹亭》"原来姹紫嫣红开遍"这一名段,学生首先听到的是杜丽娘的韵白:"春香,不到园林,怎知春色如许!"

在学生恍然大悟、兴致盎然之际,老师趁热打铁,立刻追问:"杜丽娘是怎么说的?同学们学学看。"学生兴高采烈地学了起来,甚至有的男生也自然地用起小嗓子,试着学起杜丽娘的声音腔调。

就是在这样一种极其平易、自然的教学状态中,师生轻松愉快地攻克了又一个教学难点——第一次开口学韵白,也是"曲有五难"中的第一、二难——开口难、出字难。

回看这一环节,教师关于"杜丽娘会说什么"的提问实际上起到了"暗渡陈仓"的作用。"醉翁之意不在酒",教师的重点不在于学生回答了什么,而在于通过这个提问引导学生进入故事情节,让学生进入角色,调动他们的思维,激活他们的想象,提前"消灭"由于韵白的高难度而难以开口的心理障碍,从而顺利地完成教学内容。

这一巧妙的转场,成功地打造了一把开启下一阶段学唱腔的钥匙。

三、勤于总结,反复实践

戏曲课是一门新课程,同行都在探索之中。上这门课贵在实践,在实践中进行磨炼、总结、提高。首先,要多设计几个教学方案。在本教案形成之前,教师可以有五六个教学设计,在不同的班级反复比较、取长补短、认真总结、逐步完善。其次,要广泛听取意见。本节课之所以能成功,是因为得到了很多专家、同行的指导。《走近昆曲》内容繁多,要善于深入浅出、举重若轻、化繁为简。另外,还要善于抓灵感。灵感来自反复的实践,《走近昆曲》试课要有很多次,其过程非常困难,在一次一次的磨课中,使教师对昆曲的认识不断深入,对这门课的教学规律逐步掌握,上课越来越轻松自如,灵感也就不期而至了。

《牡丹亭·游园》中，杜丽娘打扮得当，准备游园，春香为之惊艳，杜丽娘说："你道我翠生生出落的裙衫儿茜，艳晶晶花簪八宝填，可知我常一生儿爱好是天然。"或许这句话正道出了《走近昆曲》一课成功的关键：自然、平易。或许，这也就是"深入浅出、举重若轻、化繁为简"的境界。

第二节 昆曲演唱中的咬字与用气

一、昆曲演唱中的咬字

歌唱咬字是中国戏曲声乐和中国传统民族声乐最为重视的一个问题，尤其是宋元以来，不仅研究者甚多，而且咬字、唱字逐渐形成明确的规范。

（一）传统声乐文献中的咬字

从夏商周到魏晋、隋唐，虽从《礼记·郊特性》《列子·汤问》《乐记·师乙篇》《声无哀乐论》和《文心雕龙》等著作中找了关于歌唱的记述，但这些记述不是侧重于对歌唱整体技术的描绘，就是侧重于对声乐美学的阐释，而对于歌唱咬字的系统论述则多见于隋唐以后的著作中。

1. 元代以前的歌唱咬字

早期的和咬字有关的论述可见于春秋战国的《礼记·乐记》中的"故歌者，上如抗，下如队，曲如折，止如槁木；倨中矩，句中钩，累累乎端如贯珠"。这其中的"曲如折，止如槁木"意思是唱到曲子转折之处要有像折断树枝那样迸发性的感觉，唱到歌曲休止处要像枯木那样寂静无声。这是强调在起声时要唱出迸发性的"音头"或有力的"喷口"。后人形容"歌声如珠落玉盘"或"字如玉珠般圆润"大概由此而来。

宋代出现了怎样咬字和字声转换的文献记述。例如，沈括在《梦溪笔谈》中有这样的记载："古之善歌者有语，谓'当使声中无字、字中有声'。凡曲，止是一声清浊高下如萦缕耳，字则有喉、唇、齿、舌等音不同。当使字字举来皆轻圆，悉融入声中，令转换处无磊块，此谓'声中无字'，古人谓之'如贯珠'，今谓之'善过度'是也。……善歌者谓之'内里声'。不善歌者，声无抑扬，谓之'念曲'；声无含韫，谓之'叫曲'。"这"声中无字"指的是字已被分割为头、腹、尾后融入歌声中，并且咬字时启口轻圆、过渡自然；"字中有声"指演唱中的以字带声，发声是从咬字开始的；"如贯珠"就是把字比喻为串在声音上的珠子，以珠喻字，化静为动，境界全出。

元代燕南芝庵的《唱论》是我国第一部较系统论述声乐的专著，今天传统戏曲和演唱艺术极为讲究的"字正腔圆"和"吐字归韵"等演唱原则就来自《唱论》中"字真、句笃、依腔、帖调"的理念。"字真"即唱字要准确、清晰，不能只顾腔调而忽视字音，否则听者不能辨其意，同时又不能只顾字音而以破坏腔调为代价，还要兼顾四声原则，避免倒字现象的出现。

2. 明代的歌唱咬字

明代时，较为系统的声乐论著相继问世，这不仅丰富了声乐艺术宝库，而且使前人对声乐演唱的感性领悟上升到了相对集中的、理性的分析，从而使演唱方法具有一定的科学性。对歌唱咬字有大篇幅论述的有魏良辅的《曲律》、沈宠绥的《度曲须知》、王骥德的《方诸馆曲律》等。

理论家大致从字的四声阴阳、五音、切韵，以及叠字的唱法等方面做了系统的论述。王骥德的《方诸馆曲律》中关于唱字的章节包括论平仄、论阴阳、论韵、论务头、论闭口字等等。王骥德首次阐述了闭口音的咬字方法，并把它和开口音的咬字方法做了比较。王骥德还强调论韵必先识字，识字要分出中州音和方言土话，以及掌握反切的方法。沈宠绥在其《度曲须知》中不仅强调了四声阴阳清浊和五音的重要性，还把它们编成口诀："阴去忌冒，阳平忌拿，上宜顿腔，入宜顿字。""宫音舌居中，商音口开张，角音舌缩郤，徵音舌挂齿，羽音撮口聚。"《度曲须知》对咬字唱字的论述篇幅较大，细致具体，在前人研究基础上有所突破。其关于唱字的章节有：出字总诀；收音谱式；字母堪删；鼻音诀隐；宗韵商疑；同声异字考；阴出阳收考；四声批窾；收音总诀；收音问答；字头辩解；反切当看；入声正讹考；异声同字考；音同收异考；方音洗冤考；等等。

3.清代的歌唱咬字

清代对演唱进行深入细致研究的理论家较多，且研究成果喜人。著名的声乐理论家及其著作有李渔的《闲情偶寄》、毛先舒的《南曲入声客问》、徐大椿的《乐府传声》、徐沅澂与王德晖合著的《顾误录》等。

例如，在《乐府传声》中，关于唱字咬字的章节有：出声口诀；五音；喉有中旁上下；四声各有阴阳；平声唱法；去声唱法；入声读法；字句不拘之调亦有一定格法；重音叠字；声各有型；四呼；鼻音闭口音；北字；上声唱法；入声派三声法；归韵；阴调阳调；一字高低不一；等等。关于咬字，一是要正字音，二是要审口法。正字音就是遵应循《中原音韵》的要求，不能掺杂方言；审口法指每唱一个字的时候，该字的发音、收声归韵、声腔的转折和演唱时的承上接下等都有不同的方法。如慢、长的字音和声腔是一种唱法，短促的字音和声腔又是一种唱法；一个字在这个曲子里是一种唱法，放在另一个曲子里又是另一种唱法；一个字接唱某个字是一种唱法，而与另一个字相接却是另一种唱法；等等。徐氏还提出，五音是经，四呼是纬，二者相互影响制约，相辅相成，缺一不可。

《乐府传声》最大的贡献是对五音的分类和喉有中旁上下的阐述，当今普通话中关于字音的分类方法都是来源于此，即喉、牙、舌、齿、唇五音各自又可再细分出五音。五音是主干，五音中各个音所包含的"五音"就是主干上的横枝。凡是发音高昂清朗的字就从喉的上部用力，低沉重浊的字就从喉的下部用力；细狭扁平的字就从喉的两旁用力；畅直圆润的字就从喉的中间用力。所以发音时，要想把字唱得清劲高昂，就把气提高到喉的上部；要唱得低抑浑厚，就把气按压到喉的下部；要唱得细狭扁平，就把气从喉的两旁挤出；要想畅直圆朗，就把气从喉管中间送出。这样就可不费力气地掌握各种字的发音方法。按照徐氏的分类经纬相乘，五五二十五类，这样咬字发音方法就比较全面了。徐大椿倡导的咬字方法较为完备。

第五章　昆曲教学探索与演唱进阶

（二）昆曲演唱中的五音四呼

五音（也有说七音）四呼是昆曲唱字咬字的重要内容之一，从宋元以来历代曲家多有提及。

1. 昆曲演唱中的五音

关于五音的概念界定，吴新雷主编的《中国昆剧大辞典》有这样的描述："音韵学术语，指由口腔器官不同的动作造成的五种字声分类，即喉音、舌音、牙音、齿音、唇音。因宫、商、角、徵、羽五字在发音时，恰恰代表口腔器官的五个部位，遂被用来作为五音的代称。"吴梅在《顾曲麈谈》中说："天下之字，不出五音。五音为宫、商、角、徵、羽，分属人口为喉、腭、舌、齿、唇。凡喉音皆属宫，腭音皆属商，舌音皆属角，齿音皆属徵，唇音皆属羽，此其大较也。"刘坡公《学词百法》中这样讲道："五音者，宫、商、角、徵、羽也。喉音为宫，齿音为商，牙音为角，舌音为徵，唇音为羽。"可见大家对五音和发声部位的对应说法不一致，本书采用徐大椿的观点——"声出于喉为喉，出于舌为舌，出于齿为齿，出于牙为牙，出于唇为唇。"

关于五音（现代汉语中的辅音），古人称为正音，也有说七音的，是指在原来五音的基础上，加上变徵和变宫两个变音。七音分别是：宫音，包括深喉音（对应拼音字母h，阻音器官是舌根、喉壁，成音方式是气流自然流过）和浅喉音（对应拼音字母g、k、w，阻音器官是小舌、软腭，成音方式是破裂）；商音，包括翘舌、穿牙（对应拼音字母zh、ch、sh，阻音器官是舌页、牙龈，成音方式是摩擦、牙间穿过）、卷舌（对应拼音字母r，阻音器官是舌页、牙龈，成音方式是摩擦）；角音，发音部位是硬舌（对应拼音字母j、q、x、y，阻音器官是舌面、硬腭，成音方式是黏着）；变徵音，发音部位是舌边（对应拼音字母l，阻音器官是舌叶、硬腭，成音方式是分流）、舌端（对应拼音字母d、t、n，阻音器官是舌尖、上齿，成音方式是破裂）；徵音（对应拼音字母z、c、s，发音部位是齿，阻音器官是齿尖、齿缝，成音方式是摩擦）；羽音，发音部位是软舌（对应拼音字母u，阻音器官是舌面、硬腭，成音方式是黏着）；变宫音，包括重唇（对应拼音字母b、p、m，阻音器官是上下唇，成音方式是破裂）和轻唇（对应拼音字母 f，阻音器官是上齿、下唇，成音方式是摩擦）。

五音或七音（汉语拼音中的辅音）的发音非常短促，优秀演员能够通过气息在口腔不同部位的受阻而清晰准确地发出声音。

2. 昆曲演唱中的四呼

四呼是指咬字发音时四个元音在口腔中的四种形状，即开口呼（以 a、o、e 同其他声母、韵母相结合的音，韵腹的第一个元素是 a、o、e，其中没有韵头，韵腹又不是 i、u、ü）、齐齿呼（以 i 同其他声母、韵母相结合的音）、撮口呼（以汉语拼音字母 ü 同其他声母、韵母相结合的音）、合口呼（以 u 同其他声母、韵母相结合的音），简称开、齐、撮、合。开口呼用力在喉，下巴放下放松，舌面放低放平；齐齿呼用力在齿，嘴唇两边、两颊向两侧拉开，上齿微露，口腔横向微开，笑肌自然提起，舌尖前抵牙齿前内侧，舌中部稍上抬，软腭后收上提，声音明亮、坚挺；撮口呼用力在撮，嘴唇和脸颊用力撮，嘴唇部位呈现出小圆口，舌头前伸，软腭收提，音色明亮集中，有充分的鼻腔共鸣；合口呼用力在满口，脸颊和嘴唇向前撮口成小圆形，舌苔呈凹型，发声时稍后缩有咽腔和鼻腔共鸣感，音色稍暗。四呼是清代潘耒在《类音》中提出并沿用至今的。

下面以《草庐记·花荡》北越调［斗鹌鹑］（黑净张飞唱腔）为例，分析按字音的四呼归类的情况。

开口呼：俺、那、这、睁、乍、我、暴、爬、山、丈、八、矛、翻、罩、牢、般、儿、也、开、个、海、城、的、粉、样、矮。

齐齿呼：将、骑、一、匹、劣、岭、只、江、搅、眼、下、纸、器、似、墙。

合口呼：环、圆、虎、乌、骓、关。

撮口呼：越、觑、虚。

四呼通过口腔中舌位的高低来决定不同的腔体，使咬字准确，声音传远。

五音是指一个字开始发音时口腔控制气流的不同部位，四呼是发出的字音最后收到口腔外部制约的口型。

（三）昆曲演唱中的四声分析

1. 昆曲平声字的字声

昆曲平声字的高、长是相对的，橄榄腔、撮腔和迭腔等腔的运用使昆曲演唱抑扬顿挫，更有利于表达细腻深邃的情感。平声字与入声字组合使用时，平声字音高应高于入声字或和入声字音高相当，在时值上前长后短。

2. 昆曲上声字的字声

昆曲的润腔是昆曲摇曳多姿、行腔优美不可缺少的演唱手段，在字与曲调不协调时，采用装饰音可解决四声问题，还可以变化演唱的速度、节奏等。昆曲润腔共有16种左右，如带腔、撮腔、带腔连撮腔、垫腔、迭腔、啜腔、滑腔、擞腔、连擞腔、豁腔、嚯腔、罕腔、拿腔、卖腔、橄榄腔、顿挫腔等。16种腔按照不同的功能又分为三类：使行腔增加色彩的装饰性润腔有带腔、撮腔、带腔连撮腔、垫腔、迭腔、连擞腔、擞腔、啜腔、滑腔和顿挫腔等；帮助四声调值体现的有罕腔、嚯腔和豁腔等；控制音量大小及变化节奏快慢的有橄榄腔、拿腔和卖腔等。昆曲上声字的润腔主要使用嚯腔和罕腔，为了唱曲生动并体现实现四声调值。除了这两种腔，带腔、迭腔、啜腔、滑腔等增加色彩的装饰性润腔在上声字中也有所使用。

3. 昆曲去声字的字声

去声字在昆曲演唱中处于较高的音区，常被安排在句首处和同曲意义转折处，昆曲去声字常使用"豁腔"演唱。因为许多昆曲去声字只有使用"豁腔"的腔格演唱才不倒字，观众也才能听清字音。如《荆钗记·见娘》："从别后到京，虑萱亲当暮景。幸喜得今朝重会，又缘何愁闷萦？"其中的去声字"后、到、虑、暮、幸、会、又、闷"，如果不使用豁腔演唱，即把豁腔的上揭音全部省略不唱（这里排除了去声字的不完全腔格由前后邻音完成的情况，只是说明依照腔格要求演唱的重要性），这8个字在听觉上就变成了另外8个阴平声字，即"齁、刀、挱、姆（姆字这里取平声）、兴、挥、幽、闷"。

（4）昆曲入声字的字声

在昆曲的字声与腔格的关系中，入声字的腔格最为特殊。因为平、上、去三声最主要的特点是体现字音高低之调值，而去声字虽然也有其高低之不同，但相比较而言，"逢入必断、短促急收藏，或断后再连"的体现时间上的长短更是其特点。

与其他三声——平声、上声、去声相比，入声字在当今的普通话里是不存在的，更没有声调符号可以标记它，但在昆曲演唱中它又作为事实存在。与平、上、去三声相比，入声字的腔格具有以下特征：

第一，无论是乐句的开始还是结束，入声字总是被安排在旋律的中低音区，一般而言安排在中音区的入声字多在词组的首音，安排在低音区的入声字多在词组的收音处，当然入声字被安排在低音起音的也不少，这里只是相对而言。在唱入声字收音时，虽然曲家已标出了工尺，但有的并不按工尺唱，唱的既短又低。

第二，入声字的润腔——顿连腔。北曲不用入声字，南曲才使人体验到入声学演唱的声情。入声字拥有"短促急收藏"的特点，使得与音乐结合时"出声即断"，在形式上断开了，而实质上仍然是连的，即"声断意连"，从而形成昆曲最富有特色的顿连腔，顿连腔的腔格由多个音符组成。

二、昆曲演唱中的用气

任何一种艺术现象的存在都暗含着某种与之相对应的理论作为其内在的支撑，而任何品种的有序传承与健康发展都必须构建起一个相对自足的理论系统，以满足自身的生存需要。即便对于昆曲演唱艺术这个极具实践性品格的艺术样式而言，同样依赖技法的支持和理论的指导。昆曲演唱中的用气技术承接在它之前的演唱门类对于用气的使用方法，关于中国声乐用气方法的记载很早就有了，虽然在整体上和咬字技法规范比较起来记载篇幅数量较少，但已给人们发出了中国民族声乐在早远的年代就有艺术理论问世的信号。

第五章　昆曲教学探索与演唱进阶

（一）元代及元代以前的用气

（1）用气记述

晋代葛洪在《抱朴子》中对丹田气有这样的描述：上丹田在两眉间，中丹田在心下，下丹田在脐下。唐代段安节在《乐府杂录》中说："善歌者，必先调其气，氤氲自脐间出，至喉乃噫其词，即分抗坠之音。既得其术，即可至遏云响谷之妙也。"宋代陈旸在《乐书》中写道："古之善歌者，必先调其气。其气出自脐间，至喉乃噫其词，而抗坠之意可得而分矣。大而不至于抗越，细而不至于幽散，未有不气盛而化神者矣。"宋代张炎在《词源》中提道："忙中取气急不乱，停声待拍慢不断，好处大取气流连，拗则少入气转换。"元代燕南芝庵在《唱论》中指出："凡一曲中，各有其声：变声，敦声，杌声，喔声，困声，三过声；有偷气，取气，换气，歇气，就气；爱者有一口气。"

在这一段论述中，葛洪、段安节、陈旸都提到使用丹田气歌唱。一般而言，人们在练习气功时，将意念固守在下丹田，因为古人认为那里是真气升降开合的枢纽，是汇集烹炼、储存真气的重要部位。当然，从现代解剖学和生理学的观点看，下丹田所在的部位至今并未发现有特殊的形态和功能。但是，通过意守丹田来促进练功人的意识达到入静状态，取得疗效，则早已被实践所证实。至于歌唱使用丹田气，最早的记载当数晋代葛洪的上中下丹田之说了。根据现代医学实验证实，气息始终储存在肺部，因此歌唱所使用的丹田气（下丹田）在生理功能上也是不存在的。

（2）使用丹田气演唱的原因

在演唱时使用丹田气主要是保持歌唱平衡和声音集中度的缘故。当声音流畅地向上向前（声音首先打在鼻咽腔后上部位，紧接着反射向前）做穿透性运动时，意念的力量必须是向下、向后的，这一对用力只有这样方可获得一个平衡，使演唱得以顺利进行。而丹田（也有人把它称为演唱的支点）恰恰成为歌唱平衡用力的另一端（一端为以声带为中心的咬字器官等）。在歌唱时，欧洲歌剧唱法的演员对于丹田处的下腹部大多感觉是向腰围外侧推开，许多昆曲演员则感觉小腹部微微上提。无论是"推开"或是"上提",都在下丹田的附近,而且是以一个集中的点为中心的一个面积较小的区域,这个区域除了可做保持演唱平衡进行的支点之外,还可使向上向外走的声音保持在听觉上的相对集中度。如果没有这个充当支点的丹田部位在歌唱中的作用,演唱时声音就会呈松散状,松散的声音就会因声音不朝着一个方向运行而缺乏穿透力。即使有人在演唱时不使用演唱支点,却出现了平衡且有集中度的声音效果,其实也是他已经不自觉地运用身体的某个部位作为歌唱的支点。同时,演唱的支点也是可以移动的,于是就有了胸部的中丹田和眉心处的上丹田之说。支点向上移动,演唱会省力一些,但声音的通畅度会打一些折扣。实际上,在演唱昆曲时,上中下三个支点都在起作用,只不过使用的力度不同罢了,运用得当,声音的平衡感好,演唱的意、气、力、情就连绵不断、完整统一。

(二)明清时期演唱的用气

明清时期关于演唱用气的记述有魏良辅、王德晖、徐沅澂、徐大椿等几位。魏良辅主张:气息必须发于丹田,这样声音才可持久,并且由于歌唱风格等方面的原因,北曲"用气易粗",南曲"用气易弱"。王德晖、徐沅澂认同谭子《化书》中的观点,并提出:"气由声也,声由气也。气动则声发,声发则气振。如阳音以单气送之则薄,阴音以双气送之则滞。将收鼻音,先以一丝之气引入,而以音继之,则悠然无运矣。"徐大椿则在《乐府传声》中提出了多样化的用气方式,如凡是发音高昂清朗的字,就从喉的上部用力,低沉重浊的字就从喉的下部用力,细狭扁平的字就从喉的两旁用力,畅直圆润的字就从喉的中间用力,等等。

从上段文字可知,魏良辅主张在昆曲演唱中使用丹田气,演唱南曲与北曲存在气"粗"与气"弱"的不同;王德晖、徐沅澂认为用气和发声是互为一体的关系,阴音与阳音使用气息的数量是不相同的;徐大椿则认为针对不同咬字部位用力演唱时用力的不同,应使用多样化的用气方式。

综观各位曲家关于演唱用气的论述,丹田气也好,使用气息数量的多少及多样化的用气方式也罢，多指用气的手段，属于心理的和感觉的层面，而不属于物理的层面（谭子《化书》中讲到的用气含有物理层面因素）。但演员这样做起来确实能够使歌唱连绵不断、优美动听。

第三节 昆曲演唱中的共鸣与音律

一、昆曲演唱中的共鸣

（一）传统声乐文献中的共鸣

1. 先秦时期的歌唱共鸣

先秦时期歌唱技术精湛的歌唱家有秦青、薛谭、韩娥、绵驹和王豹等人。《列子·汤问》中记载秦国人薛谭跟随声乐教师秦青学习歌唱，自以为掌握了老师的歌唱技术，于是欲辞别老师回家。秦青在为学生"饯于郊衢"之时，"抚节悲歌，声振林木，响遏行云"，展现了高超的歌唱技艺。这使薛谭改变了主意，恳请秦青让他留下来继续学习歌唱。据《列子·汤问》记载，先秦时期韩国的韩娥歌艺超群，"既去而余音绕梁，三日不绝，左右以其人弗去"。当她曼声哀哭时，可使"一里老幼悲愁，垂涕相对，三日不食"。后来她又曼声长歌，则使"一里老幼喜跃抃舞，弗能自禁，忘向之悲也"。并且雍门一带的人因学习了韩娥的歌唱技术，而以擅长歌唱著称。绵驹，春秋时期齐国著名歌手。《孟子·告子》中说："绵驹处于高唐，而齐右善歌。"王豹，春秋时卫国著名歌手。《孟子·告子》中说："昔者王豹处于淇，而河西善讴。"绵驹、王豹的歌唱艺术都影响到了当地人。

综上可知，"声振林木，响遏行云""余音绕梁，三日不绝"指的都是歌唱共鸣的宏大。此外，先秦时期歌唱家的共鸣技术水平不比现在的歌唱家水平低，因为现代的歌者好像没有听说有谁得此殊荣，即能让云彩停下来，能把林子树木的树叶振落在地上。当然不排除对先秦歌者的描述运用了夸张的文学手法。但前人对其歌唱共鸣技术的肯定是没有疑问的，理由如下。

（1）秦青、韩娥等真有其人。没有秦青定有张青、赵青，没有韩娥定有李娥、王娥等，秦青、韩娥等只不过是高水平歌唱一族中让后世记住了的代表者。

（2）据《韩非子·外储说右上》记载："夫教歌者，使先呼而诎（诎，声音戛然而止的样子）之，其声反清徵者，乃教之。一曰：教歌者先揆（揆，度量、考察的意思）以法，疾呼中宫，徐呼中徵。疾不中宫，徐不中徵，不可谓教。"可知，春秋时期已出现专业声乐教师和严格录取声乐学生的标准。

（3）先秦时期出现了诸多的政治家、思想家、军事家、诗人等，在中国思想史上，春秋战国无疑是一个具有代表性的时代，甚至在其后的两千多年中，无论是在文化还是思想方面，都不曾有哪个朝代超越那时的辉煌。在这样一个人才辈出的年代，出现几个有成就的歌唱家应该是很自然的事。

（4）先秦时期拥有良好的适宜歌唱的天然环境。歌唱本来是讴歌劳动、赞美生活的，即是在生产劳动和生活当中产生的。先秦时期拥有青青的原野、辽阔的牧场、潺潺的溪流和生动鲜活的劳动场面，在这种场景中歌唱是自然和必需的，而且大自然就是最好不过的练声场所。相比之下，今日的都市生活空间狭窄、住房拥挤，环境制约着人们，在这样的环境下，对人的发声器官的机能而言，不但不会向前进化，还会自然地退化，但这并不是否认现代音乐学院的琴房中就不能诞生人们喜爱的歌唱家，只是他（她）的歌唱与前人相比反映出诸多的不同而已。

（5）先秦的几位歌唱家在演唱时不只是"重声"，即绝不仅仅有贯通的气息、宽广的音域和宏大的共鸣。对于韩娥在齐国雍门卖唱时的描写，其中传递了两个信息：其一，韩娥虽然已经走了，她的声音仍然存在，且"三日不绝"，而听唱之人却不走，对其声音无限留恋；其二，韩娥曼声演唱的悲歌感染了"一里老幼"，使他们"垂涕相对，三日不食"，而韩娥演唱的喜歌又能使"一里老幼"情不自禁地欢呼雀跃。而这两个信息又包含两个层面的意思：一是韩娥歌唱技术高超；二是韩娥的演出之所以达到这种情况，绝不仅仅是因为其高超的歌唱技术，还因为其演唱的情景交融、声情并茂。

演唱想要达到音域宽广、共鸣宏大，吐字不清晰也可以做到，但却无法感人。如许多机器发出的声音和一些动物简单的情绪声音，人们是不会在意和喜欢的。所以韩娥的歌唱一定是具备了字声的完美结合和声情并茂等许多的声乐美学因素。

2. 西汉至隋唐时期的歌唱共鸣

（1）西汉至隋唐时期对歌唱中共鸣现象的记载

司马迁《史记·乐书》有云："乐者，音之所由生也，其本在人心之感于物也。是故其哀心感者，其声噍以杀；其乐心感者，其声啴以缓；其喜心感者，其声发以散；其怒心感者，其声粗以厉；其敬心感者，其声直以廉；其爱心感者，其声和以柔。六者非性也，感于物而后动。"隋唐杜佑著《通典·乐序》云："夫音生于人心，心惨则音哀，心舒则音和……是故哀、乐、喜、怒、敬、爱六者，随物感动，播于形气，协律吕，谐五声。"唐朝白居易的《问杨琼》云："古人唱歌兼唱情，今人唱歌唯唱声。"唐代段安节在《乐府杂录》中说："善歌者，必先调其气，氤氲自脐间出，至喉乃噫其词，即分抗坠之音。既得其术，即可至遏云响谷之妙也。"另外，唐代著名的宫廷女歌手许和子（又名永新）"喉啭一声，响传九陌"，李隆基称赞其歌唱"值千金"。据《乐府杂录》记载：一日，唐玄宗"赐大酺于勤政楼"，观者云集，万众喧哗，玄宗欲罢宴。中官高力士让皇上请出永新，永新乃"撩鬓举袂，直奏曼声"。广场上顿时鸦雀无声，若无一人。

（2）西汉至隋唐时期对歌唱共鸣追求的审美变化

第一，音域宽广、音量宏大的共鸣现象得到延续。从唐代名歌手永新的"喉啭一声，响传九陌"和《乐府杂录》中关于歌唱"既得其术，即可至遏云响谷之妙也"的记载来看，先秦时期秦青、韩娥演唱时的音域宽广、音量宏大的共鸣现象在西汉至隋唐时期被继承和发展了下来，连唐朝皇帝维持秩序之时都要请出歌唱家来，而且永新一出声便鸦雀无声、收效甚好。但是，由于有史无音，拿此时的共鸣技术和先秦时期相比，哪一个更完备，这已无法考证，同时也很难说清楚孰优孰劣，因为发展在一定程度上也并不等于进步。

第二，理论家和歌者对共鸣的追求出现多元化的倾向。该时期，中国音乐的整体变化以及人们对声乐的审美旨趣发生了很多变化。琵琶、二胡等大量西域外来乐器传入，器乐、舞蹈以及大型歌舞套曲等成为主流形式。根据嵇康的《声无哀乐论》和刘勰的《文心雕龙·乐府篇》可知，演唱中的歌词和歌曲的情感成为被关注的主要方面，综合性的声乐表演跃升为主要演唱形式。汉代《相和歌》出现后，《清商乐》《吴歌》《西曲》等歌唱加器乐伴奏的演唱形式在宫廷和民间普及。这一系列的变化给戏曲以唱为主、唱念做打统一为一体的演唱形式的出现做好了铺垫，自然也影响到歌唱的共鸣，即出现了对共鸣追求的多元化倾向。

多元化的共鸣方式主要表现在有怎样的情绪出现，就会有与之相应的共鸣状态，而不是先出现一个共鸣现象而再去对应其有怎样的情绪状态。例如，人在悲哀绝望之时，他（她）发出的声音是急促而微弱的，就是说音量一定不是宏大的和有光彩的；人在平静而略微兴奋之时，他（她）所发出的声音是和缓的，共鸣音量比微弱要大，但绝不是宏大；人在喜悦之时，发出的声音是松散的；发怒之时，其声"粗以厉"，声音共鸣要大一些，更能体现人的"怒"的情绪状态，或者说，人在发怒时其声自然就会"粗以厉"；人有尊敬别人之心时，他（她）的发音是直的，而且所用共鸣音量一定不是大的；"其爱心感者"，他（她）的声音一定是音量较小而且柔和的。《问杨琼》中的"古人唱歌兼唱情，今人唱歌唯唱声"，实际上是对今人歌唱不顾情感的表达而只顾单纯的歌唱共鸣现象的批评。因此，出现多元化的共鸣现象另外一个重要原因是受中国文学的诗词歌赋的影响，展现意境和多种情态成为演唱表达的一个重要方面。

综上所述，西汉至隋唐这一段时期，理论家和歌者对于歌唱共鸣的理解已达到很高的境界，已不是单纯地为歌而歌、为唱而唱，值得当代昆曲演员或其他声乐工作者继承和发扬。

3. 宋元至当代的歌唱共鸣

宋元以来，歌词的实际意义超过了歌词蕴涵的情感成为人们欣赏的主要方面，咬字技术理论成为众曲家首要之关注。伴随着音韵学的成熟，关于歌唱的共鸣的研究也都隐含在咬字的研究之中。

第五章　昆曲教学探索与演唱进阶

宋代沈括在《梦溪笔谈》中提出："古之善歌者有语，谓'当使声中无字，字中有声'。"魏良辅在《曲律》中指出："平上去入，逐一考究，务得中正，如或苟且舛误，声调自乖，虽具绕梁，终不足取。"清代徐沅澂、王德晖在《顾误录》中说："腔裹字则肉多，字矫腔则骨胜。"《顾误录》"度曲十病"中还提出，"出字不清，腔又太重，故字为音所包，旁人听去，有声无辞，竟至唱完，不知何曲"。从此段文字可以看出，在那个时代不允许牺牲念词的清晰性去追求纯粹的用声共鸣。但即便遵循了诸多的咬字原则，在演唱时依然存在抑扬顿挫和富有穿透力的歌唱共鸣，如元代燕南芝庵《唱论》云："凡歌一曲，声韵有一声平，一声背，声要圆熟，腔要彻满。"要求把声调和唱腔的旋律完整、协和又统一地结合在一起。清代徐大椿《乐府传声》云："又有一句之中，某字当轻，某字当重；亦有一调之中，某句当轻，某句当重，总不一定。但轻重又非响不响之谓也；有轻而不响者，有轻而反响者，有重而响者，有重而反不响者。"这里高低指的是调门，轻重指的是用气，响与不响就是要有千变万化的共鸣方式的运用。《乐府传声》中在唱念高音时有"高腔轻过，低腔重煞"一说，这其中的"轻"和"重"指的是用劲的力度，力度的强弱也会影响到共鸣音量的大小，这里的力度多指咬字的力度，到演唱过腔时演唱力度一般不再加强，跟着顺下来就可以了。

宋元至当代时期，由于曲家们对歌唱咬字的规范，中国传统声乐理论更加完善。对共鸣技术的运用亦涵盖了很多辩证法的因素，如《唱论》中"有唱得雄壮的，失之村沙"等。怎样的嗓音类型用什么样的共鸣特征，是因情况而异的。

（二）昆曲演唱中的共鸣

共鸣是艺术演唱及乐器演奏中存在的自然现象。下面为阐述方便起见，以真假相接声型的共鸣、真假相融声型的共鸣和炸音的共鸣来进行论述。

1. 真假相接声型的共鸣

真假相接声型共鸣是一种以假声为主、真声为辅的混合声，在中低声区用真声、高声区用假声的一种共鸣状态。相对于真假相融声型而言，真假相接声型的真声和假声好像是接在一起似的。用真假相接声型演唱时，以头腔和鼻咽腔共鸣为主，以口腔共鸣为辅。演唱到高声区时演员头腔有明显的振动感，演唱到中低声区时，口腔共鸣的比例逐渐增加。胸腔共鸣很少使用，用声的力度和"高腔轻过、低音重煞"相一致。

2. 真假相融声型的共鸣

真假相融声型共鸣是指在中低声区用真声，在高声区以真声为基础融进假声的一种混合声的共鸣状态。运用真假相融声型演唱时，在中低声区以口腔共鸣和胸腔共鸣为主，高声区以口咽腔和头腔共鸣为主。这里边当然也有母音本身共鸣状态的成分，但都是相比较而言。真假相融声型的共鸣和真假相接声型的共鸣相比，近距离听起来，前者的音量大于后者，尤其是男子角色的演唱；远距离听起来，并无法细致地分辨哪个声音的穿透力更强。因为从理论上讲，针对相同的物体使用相同的力度，尖细的物体穿透力要强于粗宽的物体，如对于人的肉体，钉子的穿透力就不如大夫用的注射器针头。而每个演唱者的嗓音条件、身体条件，以及演唱时的情绪状态都是有差异的，所以声音共鸣的穿透力很难进行绝对的比较。

3. 炸音的共鸣

这里的炸音指昆曲净角演员唱念时发出的像打炸雷、放鞭炮一样的，四面开放式爆破而出的声音，具有独特的共鸣效果。演员演唱炸音时，喉咙应尽力撑开，胸腔共鸣、口咽腔共鸣、鼻咽腔共鸣及头腔共鸣全部打开，在强有力的丹田气的支持下发出穿云裂石、雷霆火爆、宽厚雄劲、气势磅礴的声音，给人以强烈的听觉震撼和独特的审美满足感。另外，演唱时在喉头上方有一些下压的力量，听起来有些"紧昧"，还带点向喉部两边撕扯的感觉，所以也被称为"嘶声唱法"。

昆曲中的净角在演唱中使用炸音，其中粉净和黑净使用最多，红净也偶有使用。角色在炸音的使用上，从近代遗留下来的老唱片上可以听出清末演员演唱时运用的炸音数量远远多于现在。现在一般在一个唱段中偶尔使用几个炸音，不是每句都有，而且很多演员演唱时干脆不用炸音。炸音与角色造型的威风凛凛、摄人心魄的神气和鬼气相一致，如饰演《钟馗嫁妹》中的钟

第五章　昆曲教学探索与演唱进阶

尴这个角色时便是如此。净角在演唱上注重咬字发声的顿挫和音量、速度、气口运用的变化等,部分人喜欢净角的这种唱法。

二、昆曲演唱中的音律

(一)昆曲演唱的旋律

在对昆曲文辞进行"识字"之后,就进入"以文化乐"的第二步,即为全曲确定"板眼",也就是划定节拍。《九宫谱定·总论》中有记载,昆曲唱腔是"从板而生,从字而变"。这里所讲的"从板而生"就是指昆曲唱腔旋律节拍的形成方法——点板。

1. 昆曲的节拍

在任何一种音乐形式中,其旋律的构成必然要依赖节拍的支撑。在昆曲音乐中,要确立节拍,就要先对文辞字位板眼进行确立。这种节拍确立方式与板腔体音乐完全不同。一般情况下,板腔体音乐的节拍是在音乐创作开始时就由创作者定好的,然后创作者在此基础上划定小节线,再根据内容和风格需要创作出特定的旋律,并配上曲辞。一般曲辞可以是一段,也可以是多段,演唱时只变换曲辞,旋律不变。但作为曲牌体的昆曲音乐,则需要先给曲辞划定节拍,也就是说,要根据文字曲辞的韵步来确定文辞的步节。通常情况下,两字为一步节,奇句的末字独占一步。在此基础上,再衍生出基本小节(板眼)和一定的乐拍。

以《玉簪记·琴挑·懒画眉》(以下简称《懒画眉》)为例,每个韵字后一个步节,其两字没有像其他步节一样进行时值的同步放大,而是各占一拍跟在韵字后出现。例如,《懒画眉》中出现的"蛮"后的"伤秋"、"浓"后的"欹枕"等。这一特殊现象的形成是有原因的,具体可总结为以下几个方面。

第一,在昆曲音乐中,通常需要保证"韵字必在板"这一基本定律。所谓韵字,就是在一个乐句中极具稳定性的"个字"。而这里讲的板位,则是指实拍。这样的定律本质上就是为了保证全曲结构框架的稳定,只有在结构

·155·

框架稳定的情况下，全曲才能够给人踏实、整齐、完整的感觉，进而产生旋律的优美感。也正因为如此，才会有调度曲必先"识韵"的基本要求。

第二，这样的音乐组合形式能够促进曲与曲之间的自然连接，保证整部昆曲音乐作品的连贯性。还以《懒画眉》为例，其中第一小节"月明"前的板位（强拍）、头眼（弱拍）是空拍，而最后一小节"红"后的中眼（次强拍）、末眼（次弱拍）是空拍。假若将其头尾相接，它就可以反复不间断地联唱，昆曲唱腔也正是借此将同曲牌曲辞通过"前腔""么篇"的形式，让不同曲牌曲辞通过"套曲"的形式进行支曲联唱，而在文体、乐体结构上却天衣无缝。也正因如此，昆曲不论是"一板三眼"，还是"赠板"（8/4拍）的曲子，其最后一小节多是以"一板一眼"两拍收结，始终规守着词拍"一步节为两拍、全曲末字（必是韵字）为两拍"的原则。

综上所述，就是昆曲音乐由"词拍"转化为"乐拍"的基本步骤，这种方法在南曲、北曲中都是适用的。但相比较而言，北曲中还有大量的"衬字"，因此其行腔不如南曲规整。

2.昆曲的打谱

在"词拍"转化为"乐拍"之后，就可以为一个曲牌进行打谱了。但在此之前，需要了解一个问题，即在实际的填词谱曲中，曲辞小节中的"字位"并非一定要按照其文体结构所确定的"字位"进行确立，一般情况下，除了韵字和板位上的字之外，其余眼位的字都可以根据创作者的个人理解进行移动，但前提是不能打乱板眼本身的秩序，同时要保证节拍数，即小节数不能减少。

一般而言并不主张移动板位上的字，如果一定要移动，则必须严格遵守一个基本规定，即字可以移到其他位置，但原来的板位不能由其他字占用。这一规定是有原因的，板位的确立并不随意，只有按照其定则确立，才能够产生和谐的节拍感，而移动字位无非也是为了美化乐体，因此不能为了美化乐体而破坏"辞格"。

自古以来，点板都是打谱的第一步，而字位则必须依靠板位来进行确定，只有这样，才能够使昆曲唱腔、唱字"有板有眼""字正腔圆"。在昆曲的

第五章 昆曲教学探索与演唱进阶

南曲中，赠板是比较有特点的，其"一唱三叹"的演唱风格，以及较长的过腔都成为昆曲南曲音乐的典型代表。虽然有时候为了突出艺术效果，在演唱时不完全按照以"时值同步放大"来计拍的原则进行演唱，但"正板"的板位和板数还是稳定不变的。

例如，在南曲赠板曲《懒画眉》中，人们能够得知赠板曲乐拍的不同变化。以文体词拍而言，其标准总数为28小节，计一正（板）一赠（板），正板头尾相加共15板，这是一定的。但人们发现，在现实的乐谱中，乐拍的记录只有27小节，即27拍。再来仔细观察，就能够发现第四文句中，"伤秋"少一赠板，"宋玉"少一赠板。而作为韵字的第一文句的"浓"字则多一赠板。根据分析，这样将赠板减少的原因应该是赠板曲的旋律本身比较舒缓而平稳，因此通过减少赠板来使节奏速度产生变化。至于在第一文句的韵字上又增加一个赠板，则是为了使旋律整体上更为婉转，即突出"一唱三叹"的昆曲音乐特色。

通过分析《懒画眉》，可以看出"字"在昆腔曲唱中的重要性。一首曲辞在已经完成字位、板眼的确立之后，就可以正式进入打谱行腔的环节了。通常，这一过程需要依据"字"来进行。然后必须先说明昆曲旋律的基本构成，即字腔和过腔。其中，字腔是指按照文体唱词每个唱字字音的"四声调值"高低走向构制而成的唱腔旋律，即"依字行腔""以声行腔"或合称"依字声行腔"。通常这种依字声行腔的格式也被称为四声腔格。具体来讲，四声腔格在昆曲音乐的旋律构成中有很大的作用，而对于昆曲而言，任何一个唱段，只要其文辞中的每个字都确定了字位和四声，那么其字腔音乐旋律也就自然而然地形成了。也正是因为如此，古代的曲家能够根据每个字确定字位、四声，直接照着曲辞进行"唱曲"，对于他们而言，已经十分熟悉旋律的构成规律，所以即便不经过打谱也可进行演唱。另外，打谱的作用一是为了让不懂得昆曲音乐旋律构成的人能够理解并哼唱旋律；二是专门为昆曲演员登台演唱提供辅助资料；三则是为了规范演唱。

3. 昆曲的过腔

在阐明昆曲音乐旋律中字腔的产生方式后，就可以进一步探讨昆曲旋律中的过腔形成的方式了。虽然在"以文化乐"的基本大前提下，昆曲音乐形态已经基本上得到了确立与完善，但人们不难发现，如果仅有四声腔格，那么生成的字腔还不足以构成完整的腔句。所以，要将各个字腔串联起来，使之成为一个完整体，就需要一些连接的介质，这个介质就是过腔。

明代魏良辅在《南词引正》一书中就提出过腔接字的重要性和必要性，并明确指出过腔的直接作用就是为了"接字"。再看昆曲音乐的旋律构成，正是因为仅有字腔的旋律不完整，才需要过腔来连接。但要注意的是，每个字本身已经确立好的字位由于受到板眼的限制是不可随意移动的。由此看来，当两个字腔之间间隔的时值较长时，就要用过腔进行填充，但其实过腔的演唱方法也在很大程度上受到了昆曲规范的演唱方式的影响。

按传统的曲唱方法，昆腔曲唱为使字音识真念准、板正腔圆，常把每个字的字音分为头、腹、尾三部分来进行。例如，当人们要演唱"东"字时，三音共切为"多翁呜切"，出字时字头为"多"的声母，字腹以"翁""呜"合成的韵母自然过渡，字尾以"切"收韵。通过将一个字拆分为字头、字腹和字尾的方式进行演唱，能够将音乐的旋律特性进行最大化表现，而这种演唱方式也是昆曲与字腔或字腔与过腔合成的乐体头、腹、尾构腔方式。另外，如果前一个字的字腔尾音与后一个字的字腔头音两音高低相差多级时，而前一字的字腔已尽，这时在字腔与字腔之间就要用过腔来连接。

其实在过去相当长的一段时间里，无法明确地阐述在昆曲乐体中头、腹、尾的行腔格范与实际曲唱的头、腹、尾行腔格范是否一致这一问题。而且对乐体字腔的构成格式问题，常常以曲唱格式来进行解释，这样使得人们认为无论是字腔还是字腔与过腔合成的腔型，其头、腹、尾行腔方式都是相同的。换言之，在旋律乐音的第一音出口时，字头就产生了，而中间的字腔、过腔不管长短都被认为是字腹，旋律乐音的末音则为字尾。但现在看来，这种观点显然是片面的，甚至是不准确的。

从概念层面来看，乐体与曲唱头、腹、尾行腔格范既有相同点，也有不同点。相同点为其腔型都是由字腔独立构成的，由于其字声调值带来的特征十分明显，所以其头、腹、尾结构清晰规整，能够与实际演唱相结合。而从

第五章　昆曲教学探索与演唱进阶

乐体理论构建的角度来看，字腔构成的腔型相对比较规范，过腔则呈现出自由、无字、衔接性强的特征。如果将这两种腔型合二为一，那么开头部分为字腔，中部为过腔，尾部为过腔的尾音。如此一来，每个字的构成旋律都能够呈现出规范的"以文化乐、依字行腔"的特征。据此，也能够看出昆曲乐体构腔与规范曲唱格范在头、腹、尾运用时的异同点，所以必须明确乐体与演唱是两种不同的概念，不可混为一谈。

在昆曲的南曲中，过腔出现的频率十分高，其原因主要是南曲唱词中字位分布相对疏散，进而要将字与字进行无缝衔接，就会使用到过腔。尤其在一些三眼带赠板的慢曲中，当其扩放节拍后，字腔后面的扩板拖腔就是采用过腔的旋律进行填充，并以此丰富音乐的内容与情感。如此一来，全曲便能够做到"扩而不空、满而不促"，符合昆曲南曲"水磨调"演唱的基本审美标准。

总体而言，字腔在昆曲音乐中有着十分重要的地位，字腔就是昆曲音乐旋律构成之根本，为了实现更加优美细腻的音乐效果，再以过腔进行润饰，就能够形成昆曲音乐之典型风格。在昆曲旋律的构成过程中，受腔格的约束，其字腔不可改变，但过腔的使用则相对灵活，故而也有"呆字活腔"一说。顺着这一思路进行推论，人们可以认为，昆曲音乐的旋律是否动听优美，主要在于字腔与过腔是否搭配与融合。如果人们站在"以文化乐"的角度来进行辨析，那么昆曲音乐旋律归根到底除了优美动听之外，最主要还是为了"明字"，"明字"的全部意义又主要是为了"传文达义"，而"传文达义"在昆曲整体艺术中占有着无可比拟的崇高地位，这又是由昆曲作为文人戏剧的本质决定的。

4.昆曲的其他要素

昆曲音乐旋律除了具有鲜明的特征和定式外，还具有诸多其他要素，这些要素在昆曲音乐中也是不可或缺的，具体有以下几个方面。

（1）南北曲的旋律差异

在南北曲的差异中，最明显的是南曲使用五声音阶，而北曲使用七声音阶；从音乐板式来看，南曲多为细曲、慢曲，主要为三眼板、三眼带赠板，而北曲则多为急曲、粗曲、散板，即一板一眼、有板无眼、自由节拍；从旋律风格来看，南曲轻柔婉转，字少韵多，悠远深沉，而北曲则激烈急促，苍劲雄壮，大气洒脱，字多情切。

（2）润腔

在具体的唱曲行腔过程中，润腔的方式有许多种，其本质上是字音与工尺技巧性的结合。现如今，流传下来并使用的润腔方式有很多种，其中常见的有豁腔、掇腔、撤腔、带腔、嚯腔、罕腔、叠腔等。润腔能够使演唱者的发音做到"字正腔圆"，同时能够美化旋律和音色。

通过分析南北曲的行腔风格、润腔形式，人们能够发现构成昆曲这一艺术形式的元素是如此的丰富多样，当然，尽管这些元素对昆曲南北曲的艺术风格塑造有着十分重要的作用，但毫无疑问的是，真正构成昆曲音乐特殊性的元素，还是其旋律的构成方法。所以，昆曲音乐旋律的构成方法就是开启昆曲艺术之门的前提，只有了解昆曲音乐旋律的构成原理和基本方法，才能够真正走进曲牌体音乐艺术之门，才能够学会欣赏曲牌体音乐的艺术美。由此可见，无论是哪种艺术形式，在其不断走向完整、成熟的过程中，其自身的综合性和包容性特征会体现得越来越明显。

（二）昆曲的伴奏

昆曲音乐作为最具代表性的曲牌体音乐，其具有独特的音乐发展方式，加之南北曲的结合，为昆曲音乐带来了独特的音乐特点，当慷慨激昂与婉转深沉相结合，昆曲音乐的魅力就得到了完整的体现。而在这一基本特征下，昆曲音乐伴奏也展现出其独特性来。

总体而言，在昆曲伴奏音乐中最主要的乐曲就是曲笛，也正是曲笛的运用，才使得昆曲音乐听起来悠远清扬。早在清代乾隆年间，为了将昆曲带入宫廷，乐师就对昆曲的伴奏进行了多次改进。最初昆曲伴奏的主要乐器为箫，后来便改为笛子，同时又将多种管制乐器作为昆曲中的伴奏乐器，最终形成了如今这种明亮开阔、细腻优雅的伴奏风格。

近代关于昆曲的伴奏乐器，还流行着"弦、鼓、笛三件头"（指三弦、

第五章　昆曲教学探索与演唱进阶

鼓板与笛）的行话。在清唱中，三弦、鼓板与笛一般为必用，其余乐器，如笙、箫、琵琶、月琴、胡琴等为可用可不用。这与《扬州画舫录》所说，大体上还是一致的。

过去在昆曲（包括南北曲）伴奏技术方面，要求最高的是三弦、鼓板和笛的伴奏。三者之中，三弦和鼓板较难，笛较容易：①在笛和三弦上必须能翻奏七调。较好的吹笛者，往往能在某些孔位上运用按半孔的技术改变音高，使之接近准确。较好的弹三弦者，在依小工调的 1—5—1（d—a—d）一次定准了三弦音高之后，能翻弹七调，不改定弦。②伴奏要求能越过机械依赖乐谱的初步阶段，而进入全神贯注地表达歌曲神情的更高阶段。完全依照乐谱进行演奏是最基本的，但如果仅仅只能机械地完成乐谱要求，而无法演奏出音乐的神韵与意境，那样的乐师绝对称不上优秀。对于一些演奏经验丰富、艺术修养深厚的艺人而言，他们早已将乐谱牢记于心，演奏时已经完全不需要乐谱的提示，并能够完全投入音乐意境当中，使音乐与演唱者的歌声相伴，与人声浑然一体，这才是昆曲伴奏音乐的真正价值体现。

1. 昆曲的曲笛

中国传统的笛子主要分为梆笛和曲笛两种，而昆曲音乐采用的乐器则是曲笛。这种乐器用竹子制成，因而也被称为竹笛。曲笛的音色通透清澈、穿透性强、风格高雅，让人感觉置身于世外桃源之中。在一般演奏中，常使用 C 调或 D 调，且在昆曲伴奏中，更注重曲调的细腻柔顺、自然绵长，并通过先放再收的基本形式，将南方特有的意境展现出来，这种演奏风格也与水磨调十分吻合。

曲笛在伴奏中主要的作用就是"托腔"，即带领昆曲的演唱，并为演唱营造意境、烘托氛围。此外，曲笛是与唱腔进行配合的重要环节，它同时还具有引出下一段曲调的作用，如果曲笛与唱腔配合稍有缝隙，那么正常的昆曲演唱便立刻显示出缺陷来，所以对于曲笛演奏者而言，只有对曲目相当熟悉，才能够完成这一艰巨的伴奏任务。

曲笛在昆曲的伴奏中应该符合昆曲中的"平、上、去、入"腔调，所以在昆笛的表演过程中一定要充分表现出所有的字腔走向，使其伴奏的曲腔更加顺畅。南曲主要以"颤、叠、赠、打"为主，这几个表演特点也充分体现了南曲的曲风。"颤音"用 tr 来表示，具体表演方法就是演奏者用手指频繁地颤动而使笛子发出音乐伴奏曲调。在南曲中，往往会见到很多具有装饰性效果的叠音，这种叠音的控制技巧有一定的难度，如果演奏者控制不好，反而会弄巧成拙。赠音也属于装饰音，但与叠音还有一定的区别，一般情况下，赠音主要出现在一个乐句的句尾，并具有总结本乐句、引出下一乐句的作用，这就要求在演奏赠音时要注意其衔接性与自然感。在乐谱中，这种赠音往往不会明确标出，多由倚音来代替标注。但在实际演奏时，赠音会比倚音更为短小精悍，带给人一种时隐时现、捉摸不定之感。同时，演奏者在演奏时，依然要遵循特定的演奏技法，即吹出单音后立刻松开按孔，再使笛音剩余的尾音发出音乐的声音。在昆曲音乐中，常见的音型还有打音。通过将这些演奏技巧进行结合，昆曲伴奏音乐的风格特色才真正得以展现。

昆曲音乐是"气若幽兰"，其能够经历六百多年的历史依然留存于世，可见其艺术魅力之大、文化价值之高。昆曲艺术是现今中国保留下来的最早的戏曲形态，并被联合国教科文组织正式授予"人类口述遗产和非物质遗产代表作"的称号。尽管昆曲是多种表演形式共同构成的综合性艺术，但其中最具魅力之处仍是音乐部分。其委婉深沉、细腻真切的音乐风格打动了一代又一代的戏曲爱好者。所谓"丝不如竹"，曲笛作为昆曲音乐中最为重要的乐器，为昆曲唱腔艺术增添了无限的生机，正是这种"竹肉相发"的艺术表现形式，才使昆曲音乐获得长足的发展。因此，要研究昆曲的音乐，就不可能跳过昆曲的伴奏音乐，而要研究昆曲伴奏音乐，首要的就是对传统曲笛艺术进行深入探讨。

（1）曲笛的发展

笛子作为我国传统的民族乐器，其在全国各地民间音乐中都有广泛的应用。目前发现的最早的笛子是河南省舞阳县贾湖村东新石器时代早期遗址出土的骨笛。当时出土的骨笛共 16 支，都是用鸟类动物的腿骨制成的，吹奏方式为竖吹。

通过翻阅史料典籍，能够发现很多关于笛子这一乐器的记载。在《史记》

第五章　昆曲教学探索与演唱进阶

中有"黄帝使伶伦伐竹于昆溪，斩而作笛，吹之作凤鸣"的记载。由此可知，早在四千多年前，黄帝时期的人们就开始尝试使用竹子来制作笛子。而到了汉朝之后，笛子与箫开始逐渐划分开来，但竖吹的箫和横吹的笛统称为"笛"，并延续了很长时期。

（2）曲笛的特点

宋元时期，随着宋词的流传和元曲的兴起，越来越多的文人喜欢听由竹笛伴奏的吟唱，而由于南北地区对音乐风格的追求有所不同，进而在竹笛艺术的发展过程中，也形成了南北两派，即北方流行的梆笛和南方流行的曲笛。之所以称北方流行的笛子为梆笛，是因为这种笛子主要为梆子戏进行伴奏，该种笛子较短，音色高亢洪亮，其演奏的乐曲曲风多华丽风趣、热情饱满，且擅长模拟自然界的声响，并能够与戏曲唱腔完美结合。

曲笛主要在苏州一带流行，因而也被称为"苏笛"。这种笛子是昆曲音乐伴奏的主奏乐器，一般笛身较粗，且相对较长，音色圆润醇厚，吹奏出来的乐曲优雅绵长，常用的调有C、D两调。曲笛的吹奏十分讲究运气的延绵流畅，在许多乐曲中，对气息力度的控制力要求很高，一般采用先放后收的吹奏方式，一音三韵，悠扬委婉。曲笛演奏的曲调比较优美、精致、华丽，具有浓厚的江南韵味。与北方戏曲中常用的梆笛相比，曲笛的演奏技巧中，多见赠音、倚音、唤音、颤音、打音等技法，讲究气息均衡，少用吐音断奏，给人感觉细腻儒雅。

（3）曲笛在昆曲中的运用

昆曲在刚刚诞生之际，其音乐伴奏形式与模式尚未完全确立，但魏良辅对其进行改革后，昆曲的演唱便必须与竹笛相配合，以此来表现出独特的"水磨调"风格。曲笛在昆曲的表演中，充分利用了调式音阶、吹奏音色、演奏技巧等方面的特点，随着声腔的变化塑造艺术形象，并经受住了时间的考验。

第一，调式音阶。曲笛的旋律音阶结构其实与昆曲是相同的，即都选用中国传统的五声音阶调式，因此二者能够完美地进行配合。曲笛的演奏，通常要根据作曲家的要求和音乐作品本身的发展而进行定调。所以在现实的昆曲伴奏过程中，曲笛的定调也有特定的标准。一般而言，昆曲中根据任务年龄、身份、性格特征等不同，进行了行当的划分，每种行当的演员其演唱都会匹配不同的调门，而与之相应的是，曲笛的伴奏也会分出不同的调，通常人们将昆曲中用的曲笛分为雌笛和雄笛两种。雌笛主要负责为旦角和小生的演唱进行伴奏，因此音色清亮幽远，定调比较高，一般使用 D 调；雄笛主要负责为老生和净角的演唱进行伴奏，定调采用降 D 调。

传统笛曲的记谱方法与昆曲的记谱方法是相同的，即都采用工尺谱来进行记录。在昆曲音乐中，一般都使用传统曲笛，这种曲笛在演奏技法方面有着一套十分完备的体系，在需要转调时，可通过变换指法来实现。以 D 调曲笛为例，来说明曲笛各调的定调情况（见表 5-1）[1]。

表 5-1　D 调曲笛定调对照表

筒音	昆曲调名	今调名
5（徵）	小工调	D 调
4（乙）	凡字调	F 调
3（角）	六字调	E 调
2（商）	正宫调	G 调
1（宫）	乙字调	A 调
7（凡）	上字调	B 调
6（羽）	尺子调	C 调

第二，演奏技巧。曲笛正式成为昆曲伴奏中的主要乐器，大概是自明朝嘉靖年间开始的。为了更好地衬托唱腔，曲笛在演奏技法方面也十分注重与从腔、带腔、润腔的配合，即按依腔、贴调的传统演奏方式进行演奏，这种演奏风格雅致古朴，与昆曲的唱腔风格正好相符合。

对传统的昆曲竹笛伴奏而言，经常会遇到需要转调的情况，一般是通过改变指法进行转调。另外，曲笛演奏还十分注重装饰音的运用，包括对打音、

---

[1] 王奎文. 昆曲音乐理论基础与当代传承发展 [M]. 北京：中国戏剧出版社，2020.

第五章　昆曲教学探索与演唱进阶

倚音、颤音、叠音、赠音、唤音等的运用。通过这些演奏技法的变换使用，曲笛旋律便展现出一种自然、流畅、优雅婉转的艺术风格，其稳中有进、动静结合、张弛有度的基本审美思想，造就了昆曲音乐独特的艺术审美。

作为吹管乐器，曲笛的演奏离不开良好的用气技巧。而传统曲笛本身就具有与昆曲音乐一致的运气特色，即要求演奏者对气息进行严格的控制，力求气息细长而稳，进而营造出延绵不绝的气流感。在口气方面与演唱者要温和贴切，模仿唱腔的韵味，使旋律具有歌唱性。

相比而言，在梆笛的演奏中常会大量运用各种华丽的吹奏技巧，这些技巧包括使用较多的舌部技巧，如花舌、顿音、垛音等。这些技巧的运用能够增添音乐的戏剧性效果，使音乐风格更趋于活泼、热烈，这也是梆笛与曲笛主要的区别之处。此外，在曲笛的演奏中，也需要一些分割性的技法，以产生"声断气不断"的效果，提升音乐的意境美，这种技法多由演奏者通过改变指法来完成。

第三，音色表现。曲笛的音色圆润明净、气息平稳，给人以优雅高远的感觉。曲笛的伴奏能够为昆曲的演唱进行从腔、带腔、润腔，进而营造优雅的艺术氛围，并可对昆曲演员的演唱进行修饰与衬托。因此曲笛的音色能够与昆曲唱腔完美地融合在一起。所以在昆曲演唱过程中，曲笛演奏者不仅要尽量突出曲笛的音色之美，更要根据演唱者的个人演唱风格、音色特点及剧情发展，对曲笛的吹奏进行适当地调整，进而使之起到连接全曲音乐元素、烘托良好音乐氛围的作用。

在传统昆曲剧目当中，保留下的经典剧目数量十分庞大，仅仅是演唱曲牌就有四千多个。随着昆曲剧本的不断发展，其剧中的人物性格描述越来越详细，剧情发展越来越多样化，所以曲笛的演奏也随之衍生出各种音色的变化，以适应多变的剧情。例如，《长生殿·小宴惊魂》中唐明皇和杨贵妃一起演唱[泣颜回]的伴奏时，就应该根据剧情的需要演奏得优雅、凄美。而《游园》中的[步步娇]则是为描绘旦角打基础的，因此在演奏的时候，就应该使曲笛的音色显得柔美、委婉。

昆曲的唱腔艺术主要是由演唱者进行演绎，而曲笛作为昆曲的主要伴奏乐器，其演奏必须依据演员的演唱特点来进行，即采用与角色相符的音色和与剧情一致的情感状态，这样才有助于舞台形象的塑造。

昆曲音乐对所有的中国传统戏曲音乐而言都具有十分重要的意义。因为昆曲音乐不仅保留了最原始的、最真实的古代音乐元素，还在其发展过程中不断吸收各个时代历史文化的印记。对于曲笛而言，其在昆曲伴奏音乐中也具有里程碑式的意义。此外，正是曲笛的运用，才为昆曲艺术形态的形成奠定了基础，并赋予了昆曲音乐特殊的音乐美学特征和更深的文化内涵，这一点是任何一种乐器都无法替代的。在昆曲音乐形态和曲笛的艺术表现手法相互交融之下，昆曲艺术逐渐得到了广大人民群众的认可。在昆曲广泛传播和普及的过程中，曲笛也起到了不小的推动作用，为昆曲艺术奠定了坚实的基础。

2. 昆曲的三弦与鼓

三弦也是戏曲音乐伴奏中十分常见的乐器之一，在许多地方戏曲中也多用到这一乐器。在昆曲音乐中，三弦最初的伴奏形式主要有应弦、唤头、滚头、冉底板、排头、撮头、掇头、合底板、宕头、出底板、钻头、做头等。其中，撮头、宕头等在昆曲音乐中的使用较为常见。随着昆曲艺术的不断发展，昆曲的伴奏音乐形式也相应地做出了一系列的变革，并从一开始以衬托演唱者为主逐渐转化为后来兼顾衬托演唱者和自身艺术特色的展示。昆曲的艺术核心是唱腔，这就意味着一切伴奏音乐的发挥都要以成就唱腔艺术为基本原则。在这一原则下，伴奏者要考虑到昆曲唱腔"字正腔圆"的基本特点，并努力使伴奏符合昆曲演唱的四声规律。至于昆曲伴奏的效果如何，表演者的技术水平不是关键，起决定作用的是乐曲是否和演唱者的唱腔实现完美融合，为了达到二者完美融合的效果，需要表演者充分把握昆曲的唱腔格调。

在昆曲的伴奏中，由于参与乐器众多，同时这些乐器还要与人声相配，因此必须要有一位"总指挥"来协调乐队，才能保证演出正常有序地进行，保证全剧音乐的流畅性。担任这一工作的乐器就是鼓，在昆曲伴奏中，可将鼓分为两种，点鼓和板鼓。点鼓不仅能够烘托舞台氛围，还能够为音乐的演奏划定节拍，同时还可作为一种象征性的提示音存在，将正常演出的

第五章　昆曲教学探索与演唱进阶

所有参与者的力量凝聚在一起，统一步调，进而使舞台表演整齐有序、结构严谨。

在昆曲的清唱中，点鼓的伴奏就显得十分必要。这种点鼓伴奏最初在江苏南部一带盛行，后来逐渐流传到全国各地。点鼓的伴奏通常能够给人一种活泼、欢愉又不过分吵闹的美感，与昆曲艺术风格十分贴合。而板鼓则主要在昆剧的演出中使用，与点鼓相比，其音色更为厚重沉稳。此外，在曲笛进行伴奏的过程中，也可以通过鼓的融入而表现出一种非常完美的伴奏效果。在演唱者开唱之前，鼓师通过打鼓指示伴奏这样的方式能够使曲笛表演者和演唱者达成共识，找到共同的节拍，达到完美的演出效果。

（1）鼓板与三弦的伴奏

对于昆曲伴奏音乐而言，鼓板与三弦的伴奏也十分讲究技巧的运用。虽然鼓板与三弦在伴奏乐队中的地位不似曲笛高，但其各自也有独特的艺术特色，都是昆曲音乐风格形成的重要元素。鼓板和三弦上的技术问题具体如下。

第一，闪中眼——点鼓上的专用术语。一组加赠板的一板三眼，在鼓板与三弦上作为两组一板三眼，在奏法上与普通的一板三眼无别。每组一板三眼包含四拍，其第三拍称为中眼。南曲的一板三眼在点鼓上一定要用闪中眼的打法，就是让开中眼的眼位，不在眼位上下点子，而在眼位后下点子。这种打法在南曲中，目的是配合南曲情调，增加跌宕之感，减少奔放的气氛，但在北曲中却不同。

第二，撮头——点鼓与三弦通用的术语。撮头就是在比较匀称的点子间突然夹用短促的两音。这种打法和弹法在南北曲中都是常用的，但在南曲中，有增加跌宕情调的作用。

第三，应弦——三弦的专用术语。三弦由高音至低音，依次用子弦、中弦和老弦。当主旋律在子弦或中弦上进行时，在老弦上常用低八度或低五度音在花点中与之相应，作为衬托，这叫作应弦。

第四，唤头——三弦的专用术语。在唱腔中，当一个延长音接近尾声时，三弦的演奏在最后半拍弹出的两个音，其具有三个作用：一是暗示乐句的结束，将整首乐曲划分出层次来；二是起到承上启下的作用；三是一个音往往承接后一乐句的开始。

第五，滚头——鼓板和三弦通用的术语。每拍八音，用于表达紧张激动的情绪。

第六，宕头——鼓板和三弦通用的术语。在表达激动情绪的长腔上，用花点衬托出一气下贯的持续神情。

第七，出底板——鼓板和三弦通用的术语。用特定的花点作跌顿之势，使后面板音的发出更加有力。

第八，钻头——鼓板和三弦通用的术语。钻头这一技法主要用于滚头前面延长音的尾音，其作用主要是为即将演奏的滚头部分做准备。当然钻头本身也可被视作滚头的一部分，其音响效果就好像一个延长音提前探出头来一般，因此也被形象地称为"钻头"。

第九，催头——鼓板和三弦通用的术语。在需要表达激动情绪之前的两拍中，在鼓板、三弦上用这样的花点提出信号，催动后面激动情绪的到来。催头后面，紧接着就用钻头和滚头。

第十，飞鞭——鼓板的专用术语。点鼓上一轻一重两记，连续并快速地击打，以此来衬托紧张激烈的场面。这时候，三弦上也用滚头的手法与点鼓相配合。

第十一，掇头——鼓板和三弦通用的术语。在唱腔中运用掇音，即两个同音的重复或叠音，三个同音的重复以加强气势时多鼓板和三弦的就用掇头与之配合。

第十二，合底板——三弦的专用术语。散板的底板，常在每句末尾一音的后面打出。三弦尚不能在末一音发出时随唱腔和笛音同时弹出，它必须等待一下，等到唱腔和笛音完毕时，才和板声同时弹出，这叫作合底板。

第十三，排签、排头——点鼓均匀地每拍打四记，称为排签。与点鼓上的排签相配合，三弦上依旋律每拍弹四声，称为排头。

第十四，做头——鼓板和三弦通用的术语。做头是多样的，依不同的特殊表达要求而异。一般说来，做头用得很少，在南北曲中会偶然用到。

第五章　昆曲教学探索与演唱进阶

（2）昆曲伴奏的配合问题

何良俊在《曲论》中表示："弦索中大和弦是慢板，至花和弦则紧板矣。"据此，可知其"滚弦"相当于后来的滚头；其"花和"相当于后来的排头；其"大和"相当于后来的一拍一弹、两弹等慢弹。后来没有"钐弦"之名，但据字文，"钐"是"砍"的意思，与"扫"的手势最为相近，疑即琵琶上的"扫"。

李斗在《扬州画舫录》卷五描写杰出的鼓板技术时表示："声如撒米，如白雨点，如裂帛破竹。"此书讲到三弦技术时表示："此技有二绝：其一在做头断头，曲到字出音存时谓之腔，弦子高下急徐谓之点子。点子随腔为做头，至曲之句读处如昆吾切玉为断头。其一在弦子让鼓板，板有没板、赠板、撤赠、撤板之分。鼓随板以呈其技，若弦子复随鼓板以呈其技。于鼓板空处下点子谓之让，惟能让鼓板，乃可以盖鼓板，即俗之所谓清点子也。"这里把延长音中用点子一律称为做头，与后来把在特定环境下特定延长音中用特定的点子称为做头者有所不同。各地传派不同，所用名词互有出入，这是可以理解的。断头是说弹奏者在弹到句读处所常有的那种明快的顿挫感觉，如"出底板"的最后一重弹，长腔末唤头前的最后一重弹都是。三弦弹奏时，应胸有成竹，所下点子，应斩钉截铁、毫不游移，到句读处，自有清楚的交代，这在乐谱上虽不能用休止符表示出来，但在连续不断的点子进行中，仍能起出"断"的作用。"让"的例子不多，在南曲的中眼上，是鼓板让三弦；在某些做头中，是三弦让鼓板。

在昆曲的伴奏中，除了要考虑乐器本身的音色与风格特点外，还必须根据剧情的发展和人物性格的展现来确定使用的方法。可以发现，在昆曲伴奏中，每种乐器的演奏技法都是十分多变的，这是为了适应昆曲戏剧性表现的需要。此外，昆曲演唱者的腔调也是昆曲伴奏需要注意的重要因素之一，昆曲伴奏只有根据演唱者的腔调进行细微的调整，才能够保证整体演出风格的和谐统一。

第四节　昆腔合唱及其无伴奏演唱实践

昆曲亦被称为昆腔，昆腔作为中国古老的戏曲声腔、世界级非遗项目，在演唱时讲究音韵格律，注重字正腔圆，追求单声部旋律横向发展的美听。合唱是集体演唱多声部声乐作品的艺术门类，中国的合唱可以说是音乐领域中最为年轻的家族，歌唱时讲究和声音效，注重相互配合，追求各声部横向、纵向间发展的和谐与平衡。以下通过对昆腔无伴奏混声合唱《皂罗袍》的实践研究，对现阶段昆腔合唱策略进行进一步的分析。

一、昆腔合唱的研究意义

昆腔合唱是将昆腔与当代合唱通过创作糅合在一起，是一种全新的尝试。例如，昆腔无伴奏混声合唱《皂罗袍》，它不是戏曲唱腔，而是具有昆腔、昆曲韵味的合唱，严格地讲，可以叫作昆腔合唱，它给人带来全新的意境和美的享受，同时从另一个视角推进了昆腔文化的传承与发扬，所以开设和研究昆腔合唱具有较高的价值。一方面，具有鲜明的时代性，有利于保护和弘扬优秀传统文化；另一方面，具有较强的针对性，针对地方特色这一独特条件，准确把握高中学生在昆腔、戏曲与歌唱、合唱等音乐学习中的关键问题和关键环节，同时其具有强烈的创新性，提出了一些新颖的观点和有效的方法。

二、昆腔合唱《皂罗袍》合唱策略

（一）应用情景式教学，通过曲目背景感染学生

积极采取情景式教学。例如，在昆腔合唱《皂罗袍》教学过程当中，通过对无伴奏混声昆腔合唱《皂罗袍》作品背景的介绍学习，能够让学生对昆曲及昆腔合唱在历史地位、人文内涵、艺术价值等获得第一印象，由此产生

第五章　昆曲教学探索与演唱进阶

对昆曲，包括昆腔合唱艺术在内的传统文化和新生无伴奏昆腔合唱艺术的自豪感、敬佩感和期待感。通过演唱、学习作品，让学生充分感受、体味、领略昆腔合唱艺术的魅力，享受昆腔合唱艺术带来的快乐，不断提高审美品位、合作能力、歌唱表现及创造力。在课堂中，通过逐步深入演唱作品，让学生学会"倾听式"歌唱，学会相互配合的歌唱，学会为音乐而歌唱，并通过他们让更多的人爱上昆曲，爱上合唱，让昆曲之美、合唱之美、音乐之美在学生心田中播下种子，生根开花。

（二）强化合唱声乐训练，提高学生演唱水平

1. 了解学生演唱功底，纠正学生不良的演唱习惯

通过每一位学生的简单歌唱，教师仔细听辨他们的歌声，分析判断其声音条件，根据每一位同学的音色、音准等声音特征，分配好男女高低声部。在这个阶段，有的男生正值变声期，所以声部分配是一个隐藏着较多注意点且有难度的工作环节，特别需要重视。教师要使学生学会如何吸气、如何呼气、如何寻找气息支持点，对所有同学须逐个检查、纠正，并使其不断练习、积累。

2. 通过发声练习，帮助学生寻找正确、良好的声音和歌唱状态

结合发声练习，教师进行充分讲解、示范和练习歌唱气息，提前设计好难度不一的练声曲和带歌词的乐句，通过单声部发生练习曲的训练，让学生树立正确的声音概念，逐步寻找良好的发声与歌唱状态，激起学生对科学歌唱的好奇、兴趣和学习热情。

3. 通过练习，建立初步的和声概念

通过模唱和弦、和弦链接及多声部练声曲训练，建立学生初步的和声概念，培养起音乐的耳朵，锻炼其合唱的能力，为后面学习合唱作品奠定基础。

（三）建立阶段性演唱评价机制，提高学生积极性

对学生的阶段性演唱通过科学有效的方式进行评价，提高学生的积极性。一是采取学生自评方式。通过学生独唱，分析学生自身对歌唱掌握的程度，找出演唱中的不足。二是采取学生互评方式。通过学生独唱、齐唱等，声部内的成员进行互听、互评，推选声部长、演唱质量高的成员进行范唱。三是

采取教师评价的方式。教师要对每一位成员的演唱进行点评、分析，并分别给出具体、完善的意见。通过多维评价，促进学生反思，提升其思考和分析问题的能力，激发学生学习歌唱、合唱的积极性，使学生通过与钢琴对照音准程度，观察自己与其他成员的整齐程度，聆听意见，通过听录音、看视频、参加演出等活动，逐步提高自身合唱素养。

昆腔与合唱则是将两者糅合在一起。通过创作，既保留和突出原昆曲传统、优雅的旋律，又给原曲调注入新的音乐元素，探索新的唱法，进行适当的突破和发展，这种昆腔韵味的合唱，既有传承又有发展，试图给人以新时代的气息和无伴奏合唱的新的意境。在教学中，教师要带领学生一起分析作品，从"理论"上寻找歌曲该达到的要求，努力寻找自己的好声音，在教学中进一步弘扬和传承我国的昆曲文化，提高学生的音乐素养。

第六章　昆曲合唱艺术的形态与发展

第一节　合唱艺术的形态与指挥

一、合唱艺术的形态

（一）合唱发声原则

振动产生声音，人体的发声也是同样的道理。发声需要两个最基本的条件：策动力与振源。人体的发声动力来自横膈膜对肺部气流的策动，因此横膈膜便是最基本也是最重要的发声器官；而振源则是声带。每个人的声带构造不同，这决定了每个人发出来的声音的基础频率范围（或者说音高的范围）有所不同。除此之外，人体的发声还受到第三个因素的影响，那就是共鸣腔体。共鸣腔体的结构决定了音色，因为共鸣腔体结构的不同，就使得泛音列中，基音和泛音的音响配比不同。这就是虽然每个人的说话声音都不一样，但人们会觉得歌唱家的声音更加美的原因。

（二）合唱队的组织

音乐对于人类的促进作用，已被越来越多的研究所证实。且随着素质教育的深入发展，以合唱为主要形式的音乐艺术已成为当前学校培养综合型全面发展人才的有效途径之一。合唱艺术已成为人们关注的焦点。以学校为单位的各种不同形式及规模的合唱比赛，已成为各地艺术教育的重要形式之一。在当前文化融合的背景下，艺术走进校园、走入社会已成为教育发展的一个趋势，如何更好地开始音乐课程，创建一支优秀的合唱团队，是音乐教师的一项重要工作。学校合唱队的组成，可以以班级或年级为单位，一方面，学生年龄相仿，水平相差不会太大；另一方面，这也方便了组织、排练和演出。任何事情都存在两面性，以班级或年级为单位的合唱组建也存在不足的方面，其既与学校其他班级的联系有限，也不利于校园文化最大限度地发挥。

当前，合唱队成员的组成并不是固定的，除了在本班、本年级中选择外，其成员也可以来自不同年级。这样，就能够得到更多人的关注，扩大合唱团的影响力，进而吸引更多的学生参与。这对于校园文化的传播而言，无疑有着积极的一面。同时，由于人员范围更广，层次也更加多样化，高低年级、新老成员间的有序搭配，有助于优化合唱团的结构，促使合唱团在能力水平上趋于稳定。但由于中小学阶段合唱团的排练，一般都集中于课外，不同年级的学生，学业压力不同，时间安排有所差异，学生出勤不易掌握，这就给排练、演出的组织增加了难度。平时组织一支来自不同班级的 30 人左右的学校合唱队，可以承担基本的演出任务，需要时，可阶段性扩充成员，工作完成后再恢复原状。这种办法比较灵活有效，可供参考。

1. 合唱队组织的目的

声乐艺术有利于陶冶情操、促进学生审美意识及能力的培养与提升，以及综合素质的发展。合唱艺术作为声乐艺术的最高形式，其价值不言而喻。所以组织和开展合唱团队，不仅是素质教育的要求，还可以培养德、智、体、美、劳全面发展的人才，让学生在音乐氛围中感悟音乐，体会音乐的艺术魅力，从而在美的熏陶下，激发思维的能动性，提高对美的鉴赏能力，以及发现美、创造美的能力。而且，组织和发展合唱团队，也是学生自我发展的要求。合唱在集体性的演唱活动中，尤其注重集体的统一与协调。通过发展合唱团队，能够激发学生的团队意识与合作精神，这是现代社会所必需的。而且，在合唱演唱中，学生各方面的能力都能够得到综合性的发展，使音乐教育价值得到发挥。

2. 合唱队的组成

组成合唱队的成员需要满足一定的条件。这既是对合唱队的发展负责，

第六章　昆曲合唱艺术的形态与发展

也是对成员的发展负责。

第一，合唱人选标准。组成合唱队的成员，应该是热爱音乐艺术的，只有这样，他们才能在后期的训练中表现出积极性与主动性。通常而言，学校合唱队的成员招募，都会在校园内通过各种渠道进行广泛的宣传，以学生自愿报名的形式进行。对于音乐素质较好的学生，也可以由音乐教师推荐。

对于有音乐天赋且热爱音乐艺术的学生，给予他们积极的鼓励。然后是从所有报名人员中择优选择。选择的一般要求是：节奏感强，听音能力强，声音圆润明亮，形象气质良好且具有一定的舞台表现力。之后进入复选，具体是让学生自由选择并演唱一首歌曲的一部分，以清唱的方法更能考查参选者的演唱能力。这个环节主要考察选手对音色和音域，以及音准、节奏的掌控能力，同时也考察学生对音乐的理解力等，目的是挖掘学生的音乐潜能，看其在音乐造诣方面是否有提升和发展的空间。

当然，教师也可以在班级教学中考察学生的基本情况。除此之外，为了达到合唱表演艺术的良好效果，还需要强调所选队员是否有助于舞台效果的良好塑造，要能够最大限度地展现学校魅力及集体形象。具体选拔标准为：①有一定的音乐知识、音乐修养，尤其是视唱练耳素质较好；②音色、音质自然，具有一定的歌唱嗓音条件；③热爱音乐，对音乐艺术充满激情；④有集体意识和合作精神，遵守纪律；⑤思维活跃，有创造精神。

在合唱队成员确定之后，在不断的教学与练习中，合唱教师还应该结合学生的特点和能力，对其结构进行适当的调整，以保证合唱整体效果最大限度地发挥，推动合唱团队整体水平地不断提升，以及合唱团地壮大与发展。

3. 合唱队的组织工作

学校合唱队是课外音乐活动中主要的组织形式，它是全校歌唱的代表和示范。学校合唱队可以吸收较多的学生参与进来，具有广泛的群众基础，所以它在课外音乐活动中占有重要地位。合唱可分为同声合唱和混声合唱两个主要类型。初中学生合唱队是由童声组成的，称为少年童声合唱，属于同声合唱的范畴。高中学生合唱队由变声期已过的青年男女学生参加，组织排练混声合唱。

合唱队人数不限，学校合唱队一般以40人左右为宜。合唱队中所吸收的成员都应是学习成绩优良、有良好的声音、有较宽的音域、音调准确、听辨能力较强并对音乐感兴趣的学生。通过报名与推荐，经过考核，择优选拔。根据学生的实际水平尽量注意做到使每个班都有一定数量的学生参加，以利于班级唱歌活动的开展。在组织过程中必须得到学校领导、共青团等组织的支持和协助。

二、合唱艺术的指挥

（一）合唱艺术中指挥的作用

合唱是集体性的声乐艺术，同时也是声乐艺术的较高形式，因而合唱不同于独唱，它对团队的协调性与统一性有着更高的要求。合唱指挥扮演的角色类似于引路人，发挥着对团体的引导作用，指引合唱团体的和谐与统一。因此，指挥是合唱团的支柱与灵魂。从不同的角度而言，其承担着不同的角色与任务。从合唱团的角度而言，指挥是合唱的组织者领导者；而就其自身的职能而言，他们同合唱团成员一样，是声乐艺术的表演者，而从合唱艺术性角度来说，他们是声乐艺术的创造者。因此，作为一个合唱指挥，其自身所具备的素质与能力是胜任指挥的前提，是必不可少的条件。作为指挥，其自身要具备较高的艺术修养、文学造诣及艺术审美鉴赏力，与此同时，还应具备一定的组织与管理能力，只有具备较强的综合素质与能力，才能使合唱团的训练达到科学性、思想性及艺术性的完美、协和、统一。

（二）合唱指挥对高中音乐教育的意义

1. 短期的意义

（1）有助于高中音乐合唱技能的提高

合唱指挥中，教师带领着学生弹唱音乐作品，从而让学生可以更加深入地把握音乐，体会到乐谱转化成音响的过程，进而熟悉乐谱，再经过练习，可以将全部的声部弹唱出来。在此过程中，教师引导着学生分析作品的曲式

第六章　昆曲合唱艺术的形态与发展

及和声，让学生学习到更多的音乐知识。学生会逐渐地形成音乐思维，而这种思维依靠曲式，曲式的理论依据则是和声。在深入分析曲式与和声后，才可以区分出哪些是乐句，哪些是逻辑性重音，以及旋律怎样走，高潮在哪里，哪个时间点应该结束。以此为基础，开展二次弹唱才能有清晰的思路，乐谱的安排与设想更明确，处理速度更合理，安排力度更恰当，音色层次的掌握更具艺术化，高潮更明显，连音、断音、重音的安排更加合理。学生掌握这些能力，也是音乐素质提升的一种表现。

（2）有助于培养高中学生良好的思想意识

高中生音乐教育中的合唱指挥能够引导学生积极参与到合唱活动中，从而爱上合唱活动，进而发自内心地想要参与到音乐中。同时，要能勇敢地在集体面前表现自己，在合唱过程中准确地把握发音，大方而自信。另外，合唱指挥作为合唱的组织者和领导者，在指挥实践中，其身份能够让学生以主人翁的精神全身心地投入合唱，有助于激发他们的集体意识和责任感。一个合格的合唱指挥，不仅对于自身的责任有着明确的认识，对于合唱队成员的声部划分也能够较为准确地掌握。出于对整体效果的考虑，合唱指挥会主动积极地与整体节奏保持一致，并引导合唱成员相互配合，协调一致。

2. 长远的意义

（1）有助于提高高中生的艺术素养

合唱指挥不但能够帮助中小学生夯实音乐方面的基础，还能更好地提升高中生的艺术素养，合唱指挥能够将音乐作品所包含的实质意义分析出来，从而让高中生了解到音乐背后的时代背景、文化底蕴，站在文史哲的层面去看，站在美学和心理学的角度进行解读，从而让学生了解到，音乐中不但有音乐知识，还有人文知识，让学生了解一切与音乐有关的内容，从而形成跨学科的课堂体系，发挥培养学生艺术素养的作用。

（2）有助于高中生解放天性

合唱只是一种工具，其借助音乐进行引导，能够促使高中生认识自己，进而发现真的自我，掌握自己的天性与兴趣点。参与合唱的学生可以更加准确地找到自己位置，突显出自己独一无二的特点。合唱指挥能够借助合唱，引导学生发现艺术殿堂,在心灵中埋下艺术的种子,从而为未来的成长奠定基础。歌唱在当下,却有利于终生,合唱指挥使音乐教学在内部困境与外部生态的双重困境下,为学生的长远发展开拓了新的空间。

(三)合唱指挥的技术要求

合唱也是一种重要的音乐艺术,是一种集旋律、音准及声色等多方面于一体的艺术创作,而合唱指挥正是将这种音乐艺术发挥到极致的重要方式。对于合唱指挥来说,他不仅要把整个音乐作品的艺术内容展示给听众,还要向观众传达作品的精神内涵,以最大限度地促使音乐与观众内心之间产生共鸣,进而体现出合唱音乐的价值。因此,这便对合唱团队的指挥人员提出了更高的要求,他们必须要从多种角度出发对音乐作品进行把握,包括艺术鉴赏、作曲风格等,以使得合唱艺术更加具有深刻性。

第二节 合唱艺术的色调与外在表现

一、合唱艺术中的色调

色调来源于美术,在美术中表现为色彩与色彩之间不同的形态,它们有明、暗、深、浅,画面丰富多彩。在音乐中,有线条的起伏才能使音乐的形象表达得更加生动且丰富多彩。在音乐进行时,每一个时间点与时间点之间,每一个片段与片段之间,在音量、音色、速度上都有不同层次的差别,这种差别所形成的起伏就叫作色调。色调在音乐中表现为空间方向与时间方向:空间方向分为横向与纵向;时间方向分为前与后。

(一)合唱活动中的色调设计处理

合唱是一个群体性活动,需要各个环节相互配合、交叉进行,同时需要各个声部之间的纵向协调。合唱设计与处理的方法有很多,但只要学生掌握

第六章 昆曲合唱艺术的形态与发展

了合唱色调的要素,即合唱色调中的音量(力度)、音色、速度与力度,以及音色处理与合唱色调中的逻辑重音与各声部的均衡关系,就能演唱出美妙的音乐。

1. 合唱中色调横向与纵向设计处理

色调的横向是指在一个声部内,各种音符组成的一段旋律或是一首乐曲。如一个人在唱歌时,所表现出来的就是一个单声部旋律或乐曲,这称为色调的横向;色调的纵向则是指几个单乐段有规律地结合在一起,并且是同时进行的。相对于横向而言,纵向产生了立体感,使音乐的声乐效果更丰富。在色调的纵向中存在一个和声的问题,和声的进行与音乐是同时的。在合唱中,纵向与横向使音乐形成一个立体的整体框架,从而使音乐有了更大的发展空间。

2. 合唱中色调音色的设计处理

在合唱中如何使声音听起来更有穿透力,如何把音乐演绎得更到位,怎样的音色才算是漂亮的音色等,这些问题通常采用一种喉头比较低的发声方法去解决,即声音明亮、丰满、松弛、圆润、富于共鸣的音质,这是一种立体的声音。这种立体的声音需要由合唱队员把各个声部融合,形成一种倒锥形状的力量体。这样的声音才是最好的、最漂亮的声音。由于不同歌曲、情感需要,对音色的处理也是不同的,立体的、纯净的声音一直是人们所追求的声音[1]。

在合唱中要把握好作品色调与音色及作品风格的辩证统一关系,注意在不同情况下对合唱音色的不同要求。例如,在横向旋律化的时候,合唱中要求各声部的音色完全一致,如同一个人在演唱,当副旋律超过主旋律时,副旋律的音色与音量一定要弱一些。而在纵向旋律化的时候则要求各声部服从作品的和声设置,和弦的基础音要结实而敏捷。在节奏感强的作品里,内声部的音量与音色要求收敛,主旋律声部则要求突出并且加强,但有时也不必这样。在演唱欧洲早期的教堂音乐作品时,色调中的音色就应该是柔和、圣洁的,采用半声或轻声的高位置演唱方法,平缓地进行演唱,从而表现出作

---

[1] 王勇杰. 合唱艺术[M]. 广州:暨南大学出版社,2013.

品的神秘协调感。对于合唱作品中的各种卡农，如复调、对位、模仿等，或对于不同的音型、音高，要做到有序、有起伏，这样的音色才好听。

3. 合唱中色调逻辑重音的设计处理

合唱艺术作为一个集体性的歌唱活动，在艺术再现的过程中，对声音协调和色调的要求非常高。作为指挥和演唱者，若想使合唱作品在演唱过程中达到良好的艺术效果，除了要求声音协调及均衡之外，对作品的色调和逻辑重音的分析、应用与判断也是非常重要的环节。

为合唱作品设计色调是以乐汇为基本依据的。乐汇是指音乐作品中最基本的组织单位。在每一个乐汇中都有一个起伏，而这个起伏的最高点被称为逻辑重音。逻辑重音的设定与歌曲演绎的处理效果有着重要的关系。

在音乐中的逻辑重音主要与节奏、节拍、旋律发展的方向紧密相关。歌词中的逻辑重音和音乐作品中的逻辑重音的表达基本一致。逻辑重音能够起到加强音乐作品表达效果的作用，使人们更为清晰地感受作品所要突出的重点，也能使音乐的抑扬顿挫表现得错落有致，情绪、情感得到更加充分的表达。所以，人们只有找到每个合唱作品的特点，才能把握好作品的规律与逻辑性，才能把作品演绎得合情合理。

总而言之，合唱是一门多声部的声乐演唱艺术，是由不同声部之间相互配合、组合而成的整体音响。在合唱作品排练时，旋律起伏、色调浓淡等都应该变化多样。而多声部合唱作品中，各个声部都有其发展，包括横向发展和纵向发展，但需要特别指出的是，在各声部横向发展时，分析音乐作品要服从旋律中逻辑重音的体现，不能不顾旋律而只从各声部的发展走向去体现不该着重表现的音，使音乐表现出现不合逻辑的表达效果。为此，合唱排练中除了上述合唱色调中的纵向与横向、速度与力度及音色的处理、声部的协调统一、逻辑重音与非重音外，还要特别注意色调与音色的协调和辩证统一、节奏和速度、咬字归韵的统一，以及声部的协调问题。此外，还要找到对比段落，或者说是要找到音与音、乐汇与乐汇之间的对比。

4. 合唱中色调速度与力度设计处理

音乐进行的快慢叫速度。速度是根据乐曲的内容、风格而定的，大致可

第六章　昆曲合唱艺术的形态与发展

以分为慢速、中速和快速三类。

力度在音乐表现方面经常被分为多个等级，如 p、pp、mp、mf、f、ff 等。在作品基本框架一致的情况下，力度变化上会有一定的差别。值得注意的是，作品中细微之处的色调变化必须符合整个音乐作品的要求。另外，一般合唱曲的曲谱上面都有一个速度标记，但是这个速度标记只用于对整首歌曲的把握，对于某一段歌曲有时会添加临时速度记号，这可根据乐曲的情感需要进行临时处理。对于一首歌曲中没有临时速度记号，但情感要求表现得很强烈的某一段落，可进行稍快处理，使之与歌曲的整体感情相统一，否则就按匀速进行。

（二）合唱作品中色调的设计处理

在合唱作品中，对色调的设计直接影响到整首作品的表现。例如，从歌曲《青春舞曲》的题目及歌词上看，这首歌曲的整体思想是展现年轻人的蓬勃朝气。要想表现年轻人的这种朝气，在分析时要先看歌曲的速度，欢快的歌曲，其速度相对抒情歌曲来说要稍快一些。再看歌曲的表达，要把那种欢乐喜悦的心情表达出来：第一，歌曲的速度已经表达了一部分欢快的思想；第二，准确的节奏，准确的音高；第三，强调重音与非重音的关系，强拍上面一定要采用重音；第四，在表现这首歌的时候，积极的心态是很重要的，所以面部表情应该是很积极的，心态方面也要把青春的朝气表现出来。

在横向设计方面，主要是声部与声部的衔接、声音的均衡。如男高声部的"啊"到"爬上来"是一个声部内声音的衔接，重要的是音准和节拍准，使整个合唱像一个人在唱歌那样的整齐、自然。

在纵向设计方面，主要是声部与声部的衔接，以及声部与声部衔接时的音量处理等。声部与声部的衔接要看准歌谱，歌谱的准确性很重要，然后再考虑声部的突出。例如，《青春舞曲》第九小节男高声部的"啊"要拖六拍，再换新的旋律，中间不能换气，一定要保持气息；而新的声部要尾随着将要结束的声部，提前一点出来，但不能出来太早，声音一定要很弱，等到快结束声部声音时再慢慢弱下来。之后，新声部才能慢慢地进入，两个声部会在很短的时间里同时发声，这时就要求个人的声音与集体的声音相融合，力度方面用 pp 来结束或开始。

另外，还有声音的均衡问题。在曲子中，如果声音的均衡问题处理不好，就会出现某个声部特别突出，或某个声部不明显的情况。声部与声部的对立统一要看整体情况而定。在距离合唱团 10 米的位置，就可以听出哪个声部强或哪个声部相对较弱，进而调整各声部的音量大小。以主旋律为主去调节声部音量时，如果高声部是主旋律，则将低声部声音调大；如果低声部是主旋律，则要把高声部声音调小。对合唱团进行声音融合训练时，应特别注意控制对轻声的训练，以保证音调、音量的层次感。因此，在声部的均衡方面要根据各声部的不同，分清主次。

在音色处理方面，要求合唱者采用统一的声乐训练方法：高声部区的声音要真假结合；中音部区的声音要自然、通畅、立体，注意练习时的声音不要过强、过大，否则中音区的声音很难与假声结合，达到声音统一；低音部区的声音要自然、松弛、不压、不撑，要达到这种效果，先要对合唱队员灌输一个全新的观念，那就是"融合"，即要队员把自己的声音融合进整个合唱中去。

二、合唱艺术的多元化外在表现

（一）合唱艺术作品风格的多元化表现

一般而言，艺术作品的一个最具象征性的特点就是它的风格，因为风格在形成的过程中通常会经历一个十分漫长的过程，而这恰恰能够体现出其历史的积淀。

1. 不同历史时期形成的音乐风格多元化

自改革开放 40 多年以来，我国的合唱艺术作品出现了很多风格不同的音乐作品。不仅如此，我国与国际社会的友好交往也变得越来越频繁，这就使我国的音乐创作和表演技巧较先前有了很大的改观。在新时期的合唱音乐作品的创作过程中多会加入有关民族风俗、人文特点的内容，同时在演绎过程中强调通过新颖的手法进行二度创作,这就使作品在呈现给欣赏者时已经成了传统文化与现代文化相结合的一种新型的产物。人们可以清楚地认识到创作家创作的音乐作品的独特个性,感受到其中突出的风格特征。

2. 环境形成的风格多元化

环境包括人们赖以生存的自然环境和社会环境,两者对合唱音乐风格的形成均有影响。

第一,自然环境对合唱风格的影响。全国各地地理环境、人文风景都是不同的,这些都为音乐作品的风格奠定了一定的环境基础。从这一层面看,各地合唱风格之所以会有很大的不同,主要原因就是这些作品的环境是不同的。内蒙古广阔无垠的草原风光决定了蒙古族民歌宽广与空旷的特点,这也使一些草原牧民在演唱歌曲时能够利用自己本身高亢的声音,为作品注入一定的深沉与雄厚。在演唱合唱歌曲时,蒙古族人通常都会运用循环呼吸,使他们所演唱的作品能够在自己特殊的演唱方法下得到更好的演绎。与此相反,湖南人民所演唱的湖南山歌则因为所处环境的清秀,显得很嘹亮、澎湃。在演唱过程中多需要转换真声和假声,形成了湖南山歌鲜明的特点。

第二,社会环境对合唱风格的影响。社会环境的不同也使合唱作品的风格受到了一定的影响。合唱所具有的某些社会功能也使它展现出风格鲜明的特点。改革开放40多年以来,中国社会的进步给合唱发展带来了一定的机遇。合唱作品客观或主观地反映着社会现实,这种依据社会环境的客观现实创作的合唱作品具有典型的时代感,也是合唱艺术在不同社会环境下产生的固有风格特征。

(二)合唱艺术中声音训练的多元化表现

在过去很长的一段时间内,中国的合唱主要以群众演唱的形式出现在人们眼前,而这一演唱形式最重要的一个特点就是声音比较洪亮,但缺乏统一性。所以人们经常看到某些合唱团在演唱过程中的演唱方式过于单一,与20世纪50年代相比并没有很大的区别,其最根本的原因是我国的合唱发展历史坎坷。随着改革开放的进一步深入,国内的合唱艺术水平也得到了进一步的提升，出现了很多优秀的合唱作品和合唱团。特别是进入 21 世纪，国内开始有越来越多的学者加入关于合唱多元化的研究工作中，在合唱声音及音乐的表现形式上取得了一定的创新。

一个优秀的合唱团应该具有良好的音乐基础，应该在演唱过程中根据作品的不同而表现出不同的情感变化和声音特点。为了在真正意义上将合唱更好地演绎出来，人们还需要改变一些传统的训练方式，不要只追求单方面的演唱技巧的提升，而是要根据不同作品训练不同的声音、不同的情感演绎方式。虽然每个团队都会有自己最擅长的音乐表达方式，但只有一种声音是远远不够的，还应在演绎过程中加入一些自然的因素，让音乐可以从一定角度真实地反映出作品本身所具有的独特魅力。

现在的合唱大致分为室内合唱、歌剧合唱、民歌合唱、原生态民歌合唱、现代合唱和流行合唱六种不同的类别，这六种风格的合唱在训练时几乎都会使用美声唱法的一些标准，但在声音使用上存在一定的差异，具体如下。

第一，室内合唱与歌剧合唱。室内合唱来源于欧洲的教堂，讲究声音轻柔且高度地协调统一，通常采用直声的演唱方法进行演唱。从美声唱法的角度看，这是一种可以减少声音波动的演唱方法，有利于将所有的声音统一在一个层次上，但在力度上与其他方法相比有着明显的不足。目前，我国很多学生合唱团在训练和演出的过程中会采用这种方法进行演绎和表达。歌剧合唱是歌剧在表现一些比较大型的场面时所运用的一种声乐表演方式。在演唱时，人们可以利用歌剧的咏叹调和宣叙调共同存在的特点，使合唱具有更强的穿透力和感染力，这也是美声唱法的一个重要特点。我国的群众歌咏也对这方面提出了严格的要求，尤其是在表现声音的宏大和力度时通常会采用美声唱法。

第二，民歌合唱与原生态民歌合唱。民歌合唱和原生态民歌合唱都具有很强的地域性和民族性，从中可以深刻地体会到当地少数民族的风情和生活的特点。所以，在演唱这一类作品时，要注重保持最天然的民族特点和音色，同时体现出这些作品与其他民族音乐的不同。因此，除了美声唱法之外，还应该去寻找能够体现我国民族特色的声乐演唱方式，如此才能够从根本上传达不同民族的特点和魅力。

随着社会的进步和时代的发展，我国的合唱种类势必会更加丰富，因此在演唱过程中了解每一种合唱音乐风格已经成为人们提高音乐素养的一个重要因素，这对一个团队而言十分重要，所以在训练过程中必须做到团队合作。

（三）合唱艺术表演形式的多元化表现

20世纪末，中国合唱表演在作曲家创作的陪伴下，开始进行后现代表演风格的探索。在合唱歌曲创作和表演时，这些作曲家主张通过借鉴和融合其他形式，实现合唱表演的多元化。

纵观中国合唱艺术的发展，中国合唱表演与音乐风格更多表现的是多元化的特征，这种多元化的特征主要表现在合唱团队和演唱方面。一方面，为了确立属于自己的独特声音特色和演唱风格，每一个合唱团都竭尽全力去做好这方面的工作。在当下中国合唱团的组建上，每一个合唱团都表现出创立独特风格的倾向，无论是混声合唱团、男声合唱团，还是女声合唱团、童声合唱团等，都追求合唱表演特色的最大化。另一方面，每一个合唱团的专场合唱音乐会上，都追求演唱风格的多元化，尽可能演唱不同风格的合唱作品。因此，现今中国的合唱团在挑选演唱作品的时候，多会融合西方和东方、传统和现代的风格，力求表现不同题材和不同风格的合唱音乐作品。有的合唱团在合唱时把非乐音的祈祷声、说话声组装到合唱之中，有的合唱团在合唱时融入人声模拟出的风雨声或者人工发出的雷声，有的合唱团把舞蹈和肢体动作拼接到演唱中来。总而言之，将其他艺术元素组装、拼接到合唱之中是中国合唱团前所未有的新形式。

（四）合唱艺术中团队构成的多元化表现

我国拥有很多的合唱团，按照职能可分为职业合唱团和非职业合唱团两类。

1. 职业合唱团

职业合唱团就是团员参与社会分工，利用专业的合唱演唱技能和理论知识，为社会创造物质财富和精神财富，获取合理报酬作为物质生活来源，并满足精神需求的合唱团。目前，我国国内的职业合唱团数量并不多，国家级、省级及地方合唱团的大部分团员是从专业的音乐院校毕业的，并聘请了诸多专家，如常任指挥、客席指挥、艺术顾问等，在管理上也比较专业。例如，中国广播合唱团、中国交响乐团合唱团等，自成立伊始就创作了许多优秀的作品，且这些作品许多都成了非职业合唱团用来演唱或者学习的样本，示范作用十分明显。

2. 非职业合唱团

与职业合唱团相对应，许多热爱合唱的人因为对合唱的喜爱而走到一起，组成非职业合唱团。非职业合唱团的组成完全是自发的，且大部分成员有自己的工作，主要目的是追求精神财富。从我国的现状来看，非职业合唱团主要有学院性合唱团和社会性合唱团。

（1）学院性合唱团

学院性合唱团有两种：一种是由学校音乐专业学生组成的合唱团；另一种是由非音乐专业的学生组成的合唱团。学校音乐专业学生组成的合唱团有华中师范大学的 Tiankong 合唱团，它是一支艺术类学生社团，是一支在国内外享有盛誉、屡获大奖的合唱团，除此之外还有解放军艺术学院合唱团、天津音乐学院青年合唱团、太原师范学院音乐系行知合唱团、四川音乐学院歌剧与艺术管理系男声合唱团、黄河科技学院男声合唱团等。非音乐专业学生组成的合唱团有北京春天童声合唱团、深圳中学合唱团、天津大学北洋合唱团、北京大学学生合唱团、盐城工学院梦之声合唱团、华南农业大学合唱团、海南大学艺术团合唱团等。这些合唱团都是由学校非音乐专业的学生组成的，致力于学生整体素质的培养及思想品德建设，是传播高雅艺术、繁荣学校文艺生活的基地。

（2）社会性合唱团

相对于学院性合唱团而言，社会性合唱团的成员和角色都相对复杂一些，从单位类型及行政区域划分，可以分成以公司集团、企事业单位、社区等命名的合唱团，这些合唱团有一个相同的特点，即成员大多数都是非专业的。但即便是非专业的，也有一些技艺突出的合唱团取得了不错的成绩。合唱团按年龄阶段来划分有中青年合唱团和老年合唱团。可见，每一个社会性合唱团的成员都有着共同的爱好，有着或曾经有过共同的生活经历，有着某一共同的身份，他们通过合唱走到了一起，陶冶情操、丰富生活。

第三节　合唱艺术的发展与方向研究

改革开放 40 多年以来，我国人民的精神文化生活和以往相比有了较大的变化，变得更加多样化，到处都是新气象，音乐艺术的氛围在社会上变得越来越浓厚，人们对音乐的了解也变得越来越深入。在创作艺术品的时候要追求一个重要的观念，那就是"新"，这种"新"之所以新，是因为其突破了西方对传统艺术的定义，尤其体现在日常的生活用品上，将其看作艺术品，同时加上主观的审美化。和以前大众眼中的艺术品的不同之处在于，这种主观的审美意象使生活与艺术两者之间的界限更模糊。随着我国改革开放的深入，我国的文化艺术领域也很快接受了这种颇具后现代艺术色彩的表现形式。

受到这种思潮的影响，如今在整个世界的文艺活动里，大众文化成了一个大潮流，而且体现在各个方面，如文化学习及娱乐休闲等活动。大众音乐艺术已经与精英音乐艺术具有同样的地位。人们也慢慢地不再重视通俗艺术和高雅艺术之间的界限。大众文化成为社会文化的主流。作为大众音乐艺术的一个重要组成部分的合唱得到了迅速发展，其影响力也在逐步扩大，越来越多的民众开始对合唱产生新的认知。合唱艺术展现了其独特的艺术魅力，使人们的精神生活需求得到了极大的满足。

一、合唱艺术发展取得的成就

（一）学术性演出的开展

随着合唱音乐"评比风"的兴起，与之相关的学术性演出也在如火如荼地进行，这些演出对合唱音乐理论的研究具有一定的促进作用。例如，瞿希贤合唱作品音乐会、田丰合唱作品音乐会、戴于吾合唱作品音乐会、中华民族民歌合唱音乐会等。这些学术性演出得到大多数从事音乐理论研究的人支持。他们认为通过演出交流及学术讨论，一方面可以对音乐理论和实践指导的有效性进行检验，另一方面可以使音乐理论研究在广度及深度上不断拓展。这些演出标志着我国合唱音乐体系已经变得成熟，也促进了我国合唱音乐理论的发展。

（二）群众歌咏活动的发展

1. 合唱协会的成立

为了对我国合唱音乐进行进一步的普及和引导，中国音乐家协会对这项工作予以大力支持，并且构建了我国最早的官方合唱指挥组织，也就是北京合唱指挥学会。但是因为合唱活动发展迅速，仅此一个学会已经无法满足大众的需求，许多合唱指挥家通过一系列的研究探索，最后做出了一个决定，就是解散北京合唱指挥学会，并创办一个新的既具有国家性质又有健全的组织机构的官方合唱组织，即中国合唱协会。这一协会的成立为我国合唱活动的开展打下了良好的基础。

协会还成立了多个部门对我国合唱音乐进行指导和规范，如合唱指挥委员会及秘书处、理论创作委员会、群众工作委员会等。这些组织内部的分工明确。为了管理及普及合唱音乐，在各个省市也成立了相应的分支，这些分支共同组建成了现在庞大的协会体系。其工作目标主要是使合唱的理论得到贯彻，使合唱的知识得到普及，使合唱活动的内容和形式越来越多样化，使合唱艺术水平得到有效提高，使合唱词曲创作取得进步，在国际上进行合唱艺术方面的交流，使我国优秀的音乐文化得到进一步弘扬。

在中国合唱协会的领导下，我国已经举办了各种合唱赛事，这也为我国合唱音乐在全世界的传播创造了有利的条件。

2. 指挥人才的培训

在整个合唱表演活动中，合唱指挥扮演着非常重要的角色，合唱指挥的水平对合唱团队的演出效果起着至关重要的作用。中国合唱协会从成立至今培育出了许多合唱指挥人才,每年都会开设培训班,全国许多地方无论专业还是非专业的合唱指挥都来这里学习,接受专业培训。此外,中国合唱协会在高等院校的师资力量培养方面也付出了很大的努力,许多业界优秀的指挥家被邀请来培养人才,尤其是对高校教师,在技巧及模式上都进行了相关的培训。近年来,国际合唱艺术交流非常多,中国合唱协会吸收了许多国外最前沿、最优秀的指挥技巧,与国际一流指挥人才进行交流。这些举措使我国合唱指挥人才整体的能力及素质都得到了提高。

二、合唱艺术未来发展的建议

合唱艺术的发展是一个系统的工程,是相对于专业性合唱及群众性合唱来说的。本书主要研究群众性合唱,要促进群众性合唱的发展,最主要的是提高群众的音乐文化素质,重视音乐教育。除此之外,还要注重创作人才及合唱指挥人才的培养。合唱事业发展的根本是音乐创作和基础教育,关键是培养合唱指挥人才。

第一,培养合唱的基本素养。音乐基础知识中有两个重要的方面,分别是视唱练耳及乐理。从这两个方面出发还可以延伸出更多的方面,如听辨、和弦、节拍和节奏等。只有了解了这些基础知识,才能提高合唱水平。在这方面,我国可以向欧洲的一些国家学习,在低年龄段的学生中开展音乐基础知识教育。例如,在高中课堂上,让学生学习视唱练耳及乐理常识,了解和学习简谱及五线谱,使学生的音乐潜能得到开发。

第二,制定合唱人才培养政策。我国合唱理论研究队伍还是比较薄弱的,合唱理论研究人才比较缺乏,许多合唱理论都来自西方的成果,创新不足,这对合唱事业的发展造成了严重的制约。为了使我国的音乐文化得到发展,使民族合唱事业得到发展,我国教育部门制订了一系列的项目计划,如优秀合唱作品及优秀青年作曲家支持计划,使合唱创作者的经济收入得到大幅度提升,也提升了合唱的社会影响力。此外,鼓励青年到西方国家进行学习,进一步学习和引进西方最新的作曲理念和技术，使合唱艺术的专业视野得到拓宽，了解合唱发展的最新趋势和动态，从而在此基础上创作出更多具有我国民族特色和风格的音乐作品，使我国合唱艺术作品的水平得到进一步提高。

第三，重视合唱指挥人才的培养，形成合理的人才结构。合唱事业发展受到一个重要因素的影响，那就是合唱指挥人才培养机制还不够完善，教育体系也不够合理，因此合唱指挥人才较少。在合唱表演中，合唱指挥是二度创作的一种，合唱水平在很大程度上受到合唱指挥的影响。可是从现实状况来看，专业音乐院校的师资力量并没有完全发挥出来，一方面老一代的优秀指挥大师慢慢消失，另一方面新生代的指挥家实力不足。因此，要尽可能避免人才的流失。除此之外，还要加强合唱指挥人才的培养，对现在的培养模式进行进一步改革，与各个专业性的院校、综合性大学和相关的协会合作，让合唱指挥专业的学生能够从学校中走出来，进行实践锻炼。一些高等院校在培养合唱指挥方面一定要与社会上的音乐团体及协会进行合作，因为只有合作的机会多了，学生进行社会实践的机会才会增多，学生的合唱指挥水平才能得到稳步提升。

第四，在经费、政策上支持合唱团的成长。目前，绝大部分合唱团是自发的、群众性的，许多经费是自筹的。政府相关部门可以为水平较高的团体提供经费扶持，如果团体在比赛中或者各种音乐会中做出成绩，那么政府相关部门也可以以资金的方式对其进行奖励，以此促进合唱事业的发展。除此之外，任何一个行业都要有领头羊，要组建一个具有前瞻性、示范性和引领性的合唱团，致力于合唱艺术的普及和合唱水平的提高。除了政府补助之外，还有一个做法可以解决合唱团的资金问题，那就是通过官办民营及依托市场等使合唱团得到进一步发展。

三、合唱艺术道路的创新突破

在我国合唱音乐诞生的时候，没有舞美及队形等方面的变化，那时候的合唱团队基本上没有人会形体表演，一般只会运用人声。从20世纪90年代

第六章　昆曲合唱艺术的形态与发展

开始，我国在这方面开始了探索，人们开始突破西方高雅艺术的定位，使舞台表演的内容越来越丰富，甚至还尝试使合唱艺术走出音乐厅，走进大剧院，这种变化是我国合唱表演兼具艺术性及狂欢性的一次尝试，这种尝试没有将合唱搬上荧幕，而是有选择地在封闭式的专业剧场进行表演，这也是对高雅艺术的一种"保留"。合唱表演场所对传统模式的突破主要表现在以下四个方面。

（一）高雅合唱到狂欢合唱

随着合唱表演在我国的普及和发展，人们比以往更加了解合唱艺术。合唱在性别和年龄上可以分为女声合唱、男声合唱、混声合唱和童声合唱；在参加人数上，还可以分为大合唱、小合唱及室内合唱。除此之外，在专业级别的合唱比赛中，不论是内容还是形式，在分类上都有更加细化的要求。但是，无论合唱表演形式如何多样，一般合唱团都会把演出场所定在专业音乐厅。一是因为音乐厅设计独特，可以将演唱时的声场表现得最佳；二是因为合唱在西方的传统观念里是一种高雅的艺术形式，合唱的互动性和娱乐性都应该被削减，要与观众保持一定的距离，使音乐的原始美得以展现。在我国合唱发展过程中，这种传统的表演观念发生了重大改变。

此外，表演服装的设计也是对合唱表演形式的创新。例如，在中央歌剧院附属童心合唱团的魅力新民歌合唱音乐会演出中，他们的服装设计就比较有特色，观众看了之后感觉眼前一亮。队员穿着的服装并非随意搭配，而是经过精心设计，根据演唱曲目的不同而改变服装的风格，还可以在同一场演出中根据不同的需要多次改变穿着，如旗袍和藏靴之间的转换，这些都会给观众带来视觉上的冲击，可以满足他们的审美要求。这种表演方式突破了传统的规范化表演方式，将人们日常生活里的情景融入合唱作品，这对合唱表演来说是一种新趋势。

（二）不插电合唱到插电合唱

在当今社会，由于5G技术的发展，我国网络、移动App终端和影视媒体技术的发展和普及速度非常快，截至2021年6月，互联网普及率达71.6%。

除了听合唱之外，大众也开始关注合唱，正是因为人们关注得多了，所以看合唱成为一种需求。换言之，观众不仅想在听觉上感受合唱音乐，也想从视觉上欣赏合唱音乐。合唱表演的视觉享受能通过舞台设计来完成，这样能使观众更直接地感受到舞台的真实形象，带给观众艺术享受。

合唱舞台表演有"动""静"之分。其中，"动"一般指的是舞台上的一些行为，如队形变化、动作、情景再现；"静"主要指的是静态方面的布置，如道具、背景和服装。除此之外，音箱及舞台灯光等在音乐厅里不提倡使用的插电类设施也可以归于"动"的范围里。合唱团的演出场所也从音乐厅向演播大厅和大剧院转移，演出的目的也发生了改变，从最初的艺术表演变成了现在的艺术宣传和电视展演。为了保证在非音乐演出场所的演出质量，中国合唱表演团体采用剧场演出用到的各种道具，包括舞台灯光、LED舞台背景和扩音话筒等，形成了一种新的插电合唱表演方式。

（三）单元素合唱到多元素合唱

20世纪末，我国音乐界开始对合唱表演进行探索。目前，我国合唱表演的许多形式与内容都是从一些非合唱表演上借鉴来的，有的直接进行了套用，还有的在原有的基础上进行了再创造，促进了我国合唱表演的多元化发展。

近些年，许多歌咏活动及合唱赛事在我国开展，在这一过程中，合唱逐渐被大众所认知，成为人们比较喜爱的一种音乐形式。在表演形式上，合唱艺术走向了多元化发展道路。随着时代的发展，人们的审美需求发生了很大的改变，以前只是站着就唱的表演方式已经不符合现在人们的审美需求，除了听觉上的享受，人们也很在乎视觉方面的享受。在现在的合唱表演中运用最多的是舞美及形体表演，除此之外，一些其他的表演形式也被加入合唱表演，如民族管弦乐及交响乐等。

（四）合唱表演后期传播路径的拓展

音乐作品是否时尚，有一个重要的标准就是它是否流行，所以流行音乐这种音乐形式在我国可以说是最具大众特征的。当作曲家开始以大众需求为首要目的创作音乐作品时，传统的合唱作品的创作模式势必会改变。这不仅

第六章 昆曲合唱艺术的形态与发展

是时代的需要，也符合我国合唱音乐本身的发展需求，是我国合唱发展的必经之路，更是其趋向流行的内在核心动力。满足大众的需要是合唱音乐实践必须努力的方向。在这种实践要求下，创作理念及作曲理论是必不可少的。理论指导实践，只有这样才能使合唱艺术为大众所接受，这门艺术才能得到更长远的发展。

近年来，无论是国内还是国外一直都在对合唱艺术的流行化进行实践探索，取得的成绩是显而易见的。尤其是流行音乐元素在这一领域的尝试成效良好。值得一提的是，因为在合唱作品中加入了流行音乐元素，所以合唱音乐的受众已经趋于年轻化和扩大化。同样产生变化的还有合唱的传播路径。与以往的合唱论坛、比赛或音乐会等传播方式不同，随着网络的普及，一些媒体平台如优酷、微博或微视等都可以对合唱作品进行传播，使合唱音乐的受众大幅度增加。更多的普通大众因为合唱表演传播途径的增多而有了认识合唱艺术的机会，中国合唱艺术逐渐在普通民众的眼中有了一席之地，这为以后合唱艺术在我国的普及打下了良好的基础。

从新时期我国合唱音乐发展的进程来看，一方面，世界音乐因为我国的改革开放而了解了我国合唱音乐的新生态发展道路；另一方面，中国合唱音乐也在以更积极的态度融入国际音乐文化交流中，了解国际音乐发展的前沿信息，促进了中国合唱艺术在演唱的技巧及创作方面水平的提高。新时期合唱音乐工作者也因此在思想上得到了解放，开始从20世纪的学堂乐歌中走出来，更注重表现社会各阶层人们内心的情感世界，以及丰富多彩的生命活动，丰富了合唱音乐作品的题材，许多艺术形式都在中国合唱音乐舞台上绽放，如流行歌曲和民歌等。

此外，合唱艺术的创作技法也更加多样化，涉及中外的许多创作技法，反映在合唱音乐作品上就是风格变得更加多样化，特点更突出，更有利于中国合唱音乐的传播。新时期的合唱音乐突破了原有的演出场所边界，发展成一种立体、多维的综合艺术形式。大量的设备布置成静态的舞台，如LED投影、舞美灯光、服装、道具等，再结合舞台上演员的形体表演和队形变化，能够让观众同时从听觉和视觉上感受到合唱艺术的魅力。中国合唱艺术的发展和进步也给合唱爱好者带来了极大的鼓舞,使他们对中国合唱团的未来建设充满了信心,从而使中国合唱音乐事业焕发出勃勃生机。

第四节　昆曲文化的价值弘扬与发展

昆曲被列入人类口头和非物质文化遗产代表名录,这标志着昆曲遗产的价值得到了世界的公认,成为全世界人民的共同非物质文化财富。昆曲保护传承工作的核心是人的传承,所以应当通过法律法规的不断完善,工作思路的不断创新,政府的大力支持,培养传承昆曲的新鲜血液,保证我国非物质文化遗产能够得到有效的保护和传承。

昆曲发源于苏州昆山,是我国最古老的戏曲形式。昆曲融百家之长,具备唱、念、做、打、舞蹈、武术等表演形式。同时,昆曲的唱词艺术价值极高,唱腔细腻温婉,被称为我国百戏之祖,它具有极高的艺术研究价值,能够展现我国戏曲艺术独特的历史魅力和艺术魅力。在世界范围来看,希腊古典戏剧也是全世界最为出名的戏曲艺术,但是目前其除了文学剧本仍然保留传承外,演出唱腔部分早已失传。印度梵剧也曾经是极具艺术价值的戏曲形式,也在后来逐渐失传。只有我国昆曲,不但留下了戏曲剧本和乐谱,表演形式也较为完好地流传了下来,并且目前仍然有大量的传承者可以进行表演。昆曲是我国传统文化对世界非物质文化遗产宝库的杰出贡献。

昆曲遗产的价值突出:第一,昆曲具备独立的音乐体系,其内容包含我国各个朝代音乐作品形式的百家之长。由于昆曲具备完整的理论体系,这也促使昆曲在近代得到了兴起与发展。第二,昆曲在明清时期的经典作品和精湛的舞台艺术表演得到了发扬光大。昆曲结合当时时代的发展和社会的变革,将文人情与理的哲学思想冲突和对社会的生活感悟,以及对人生的探讨结合到戏曲作品中,使昆曲成为研究我国古代经典艺术作品的一种途径。同时,大量的昆曲以政治斗争为背景进行艺术创作,揭露了当时社会的黑暗面,对

第六章 昆曲合唱艺术的形态与发展

我国研究历史提供了巨大的帮助。在清代初期昆曲作家和艺人将折子戏反复提炼，使折子戏形成了多样化的表现形式，具备了丰富的思想和故事情节，并且对登台人物有了非常详细的人物刻画，能够更加完整地将各行角色在舞台上进行演绎，其艺术价值可想而知。并且昆曲的广泛流传，也对后来我国各地方戏曲的成长发育起到了影响作用。我国目前所流行的戏剧大都受到了昆曲的影响，特别是在服装、道具、扮相、妆容等方面都受到了昆曲的影响。第三，昆曲在明清时期包含了大雅与大俗，以多元化的形式占据文化历史的主导地位，成为全社会雅俗共赏的集体审美对象，在我国文化历史和社会历史中都产生了极大的影响作用，具备无可替代的历史地位与价值。

同时，昆曲遗产的界定主要从唱腔艺术价值和历史沉淀积累，以及体系完整的昆曲文化等多个方面进行。昆曲的唱法分为清曲演唱和舞台剧唱，无论哪一种方法都包含着古代文人对于精神文化的追求。同时，昆曲拥有极其深厚的历史沉淀，集各类艺术作品特征于一体，形成了极具艺术特色的昆曲艺术形式，并且其在艺术上的创新也对我国当前曲艺文化起到了重要的影响作用。昆曲的艺术体系保存极为完整，为现代人研究历史、学习历史提供了有力的现实条件和环境。

当前，昆曲艺术的特殊性受到了人们的广泛重视。虽然昆曲极具艺术价值和历史价值，但是随着现代社会的不断发展，昆曲艺术仍然无法符合现代社会中许多人的审美，导致昆曲艺术市场效用不佳，愿意学习昆曲艺术的人越来越少，昆曲的有效传承出现了问题。而当前我国政府已经充分认识到昆曲艺术的艺术价值，颁布了多项保护昆曲艺术传承的规定，从政策角度加以保护与扶持。对于昆曲这种非物质文化遗产而言，其保护的重点在于传承。所以必须要针对昆曲艺术增加新鲜血液，才能够保证昆曲艺术的源远流长。首先，及时保护当前具备昆曲表演能力的老艺术家，将他们的精湛技艺通过录像或者青年学艺者的刻苦训练传承下来。其次，要结合当前社会的审美价值观，对昆曲进行再次创作，提高昆曲的艺术性。昆曲艺术的传承并不是否定昆曲的发展，昆曲艺术能够有今天的艺术价值是由于其在历史的长河中能够不断地发展，所以必须要在昆曲遗产的保护与传承中对昆曲进行创新，才能够保证昆曲艺术具备当代艺术价值。同时也应当针对昆曲进行经济开发，提高昆曲的经济价值。只有昆曲的经济价值逐渐提高，才能够吸引更多的学艺者学习昆曲艺术，才能够保证昆曲艺术注入充足的新鲜血液。

例如，可以运用昆曲艺术的表现形式结合现代舞台与灯光技术，提高昆曲艺术在表演过程中的科技感，引发年轻人的兴趣。也可以利用昆曲的艺术表现形式，以当代发生的事件为题材创作新的剧本，使越来越多的年轻人能够接受并且理解昆曲艺术，使得昆曲艺术能够得到真正有效的保护与传承。再者，可以结合地方旅游市场的特点，发展昆曲文化旅游，在繁荣地方旅游市场的同时，也使昆曲焕发出新的活力。昆山正大力发展文化旅游，推进新城市文化的建设，正好可以抓住这个契机，依托昆山"小昆班"，以及江苏省昆山中学在昆曲教学方面的成功范例，继续面向广大中小学生，多视角、全方位地推进传承昆曲，使昆曲重新登上历史的舞台。

在社会不断发展的大时代背景下，传统昆曲可能无法符合大多数现代人的审美价值观。但是历史悠久的昆曲艺术对于我国来说仍然具有极大的影响力，所以人们应当怀着敬畏之心保护与传承昆曲遗产，要积极响应习总书记在庆祝中国共产党成立95周年和100周年，以及多种形式的文艺座谈会上提到的关于保护传承祖国优秀传统文化的重要讲话精神，坚定文化自信。从政策出发为昆曲艺术注入新鲜血液，使昆曲艺术表现形式符合现代人的审美，提高其经济价值，取得艺术上的突破。找到昆曲艺术在传统与创新之间的平衡点，引发现代青年对昆曲艺术作品的兴趣，保证昆曲作品能够在未来的时间中得到有效的保护、传承与发扬。

结　语

本书以高中音乐教学与"昆曲·合唱"为题材，以高中音乐教学方法、昆曲演唱技巧及合唱艺术为研究内容，将音乐教学方法作为理论学习的起点，将音乐学科特殊教学方法作为学习参考，重点对高中音乐教学方法的选择、创新、实践进行较为详细的探讨。本书的侧重点在教学方法的创新和实践上，通过听觉、视觉、知觉的表象转化，使音乐素材作用于学生的感官器官，转化为完整、清晰、稳定的表象，使学生在此基础上产生的情感体验更丰富、更全面、更强烈，从而提高学生的音乐核心素养。

参考文献

[1] 蔡梦. 音乐学科核心素养与教学研究 [J]. 音乐研究，2018（06）：100-112.

[2] 陈培刚. 音乐教学如何实现从双基、三维到核心素养的转型 [J]. 课程.教材.教法，2018，38（12）：117-122.

[3] 陈育燕. 核心素养视域下高中音乐课程多维融合教学观建构 [J]. 当代教育与文化，2021，13（04）：61-66.

[4] 陈育燕. 探索与追求：新课标导向下的高中音乐课程价值取向研究 [J]. 中国音乐，2020（05）：178-183.

[5] 陈云飞. 音乐教学中创新教育的体现 [J]. 大舞台，2010（03）：211-212.

[6] 成陆萍. 高中音乐教师如何真正走进新课程 [J]. 大舞台，2010（05）：165.

[7] 成雯. 柯达伊教学法与音乐素质的培养 [J]. 四川戏剧，2015（05）：139-141.

[8] 程莉华. 在音乐课堂教学中实施素质教育 [J]. 大舞台，2011（12）：221.

[9] 邓解芳，王梦怡. 普通高中昆曲教学开展的现状与可行性分析 [J]. 天天爱科学（教学研究），2019（12）：173.

[10] 董云. 从"认知"到"生态"：关于当代音乐教学论研究中的思维转向问题 [J]. 艺术百家，2014，30（04）：214-216.

[11] 冯巍巍，查汪宏. 音乐核心素养视域下的高中音乐鉴赏教学 [J]. 课程.教材.教法，2018，38（03）：95-100.

[12] 冯亚. 新课程音乐课标实验教材综评 [J]. 人民音乐（评论版），2010（05）：

50-53.

[13] 耿素清. 如何在音乐教学中培养学生的创新能力 [J]. 大舞台，2011（01）：202.

[14] 顾申婴. 高中音乐教学中现代教育技术的应用研究 [J]. 当代家庭教育，2020（08）：116.

[15] 洪枫. 浅谈对话式教学法在高中音乐鉴赏课的应用 [J]. 大舞台，2010（05）：191.

[16] 黄润带. 高中音乐教学的理论与实践探究 [M]. 广州：广东高等教育出版社，2019.

[17] 纪晔晔. "聆听""欣赏""鉴赏"：不同层次的音乐欣赏课程教学刍议 [J]. 音乐创作，2012（09）：141-143.

[18] 李洪玲. 普通高中音乐教师专业素质现状与发展策略 [J]. 中国教育学刊，2010（08）：74-76.

[19] 李娜. 论高中合唱团的建设与发展 [J]. 中国文艺家，2021（05）：95-96.

[20] 李晓晖. 高中音乐鉴赏课教学研究 [J]. 艺术百家，2012，28（S1）：452-455.

[21] 梁琼. "互联网+"思维下音乐慕课与教学创新 [J]. 中国报业，2019（08）：94-95.

[22] 林玉坤. 当代中国合唱艺术的多元化表现及其发展研究 [M]. 青岛：中国海洋大学出版社，2019.

[23] 刘洁，吴跃华. 对高中音乐新课标"核心素养"的商榷 [J]. 教学与管理（理论版），2021（05）：95-98.

[24] 刘珊. 创设情境唤起情感：浅谈高中音乐鉴赏的情感体验 [J]. 当代教育论坛，（教学研究）2011（08）：125.

[25] 刘熠. 高中音乐课堂对话教学探讨 [J]. 吉首大学学报（社会科学版），